AF390990

GLOSSAIRE

D'ARCHITECTURE · GOTHIQUE.

GLOSSAIRE

DE TERMES TECHNIQUES

D'ARCHITECTURE GOTHIQUE

COMPOSÉ EN ANGLAIS

D'après des documents officiels et des textes d'anciens écrivains

POUR SERVIR DE COMPLÉMENT AUX ŒUVRES DE A. PUGIN
ET A TOUS LES DICTIONNAIRES D'ARCHITECTURE

PAR

ÉDOUARD-JAMES WILLSON

Traduit intégralement, remanié sous la forme d'un Glossaire français-anglais,
revu et augmenté d'après les meilleurs auteurs

PAR

ALPHONSE LE ROY

Professeur à l'Université de Liége

—∘∘∘∘—

PARIS ET LIÉGE
BAUDRY, ÉDITEUR

A Paris, rue des St Pères

—

1867

PRÉFACE.

Le présent Glossaire, inséré au tome II des
Motifs et Détails d'architecture gothique de
Pugin, a paru offrir assez d'utilité pour mériter
les honneurs d'une édition séparée. Consacré
spécialement à des termes aujourd'hui pour la
plupart oubliés, il peut néanmoins rendre service
aux archéologues et aux artistes, en leur rendant
plus intelligibles les archives de l'histoire de
l'art, et même les principes d'après lesquels se
guidaient les anciens constructeurs. Le Glossaire
original de Willson, intégralement reproduit
dans le nôtre, est exclusivement consacré à
l'architecture anglaise du moyen-âge ; mais
d'abord on ne contestera pas l'avantage qu'il y
a, en France comme ailleurs, d'étudier le style
gothique par voie de comparaison, c'est-à-dire,
en se rendant compte du caractère particulier
qu'il a revêtu en se transportant dans un milieu

étranger, sous un autre climat et sous l'influence d'institutions différentes des nôtres. Ensuite, dans un domaine où les renseignements écrits sont si rares, les anciens architectes ne se transmettant guères leurs connaissances qu'oralement, il est toujours précieux de recueillir jusqu'aux moindres indications de nature à préciser les données que nous possédons sur la tradition française elle-même. Nombre de termes français seront éclaircis par leurs équivalents anglais, dont la signification est nettement fixée par des documents authentiques. D'autres, évidemment passés de France en Angleterre, reprendront dans nos dictionnaires technologiques une place qu'ils ne possédaient plus que dans le Glossaire de Willson ou, dans l'ouvrage beaucoup plus complet de M. Parker, qui leur a accordé l'hospitalité, mais n'a pas obtenu jusqu'ici les honneurs de la traduction (1). Enfin les possesseurs de l'édition française des œuvres de Pugin ou d'autres traités sur la même matière, traduits de l'anglais, nous sauront gré, faut-il espérer, d'avoir mis à leur disposition un petit volume portatif, où ils trouveront à l'instant l'explication

---

(1) *A Glossary of terms used in Grecian, Roman, Italian and Gothic Architecture*, Oxford, 1850, 3e édition, un vol. de texte grand in-8º (illustré) et deux volumes de planches.

de mots techniques fréquemment employés par les traducteurs, mais ne figurant pas dans les vocabulaires français ordinaires, ou du moins n'y ayant point reçu certaines acceptions spéciales, qu'il est nécessaire de connaître pour comprendre parfaitement les descriptions anglaises. Nous avons estimé, en d'autres termes, qu'il y avait lieu d'ajouter un complément à nos vocabulaires, et plus d'une fois, comme il sera aisé de le vérifier, nous avons eu l'occasion de faire des additions importantes à l'œuvre de Willson.

La transformation du Glossaire anglais en Glossaire français-anglais présentait des difficultés réelles, notre langue archéologique n'étant point encore achevée. Nous avons conservé les termes usités Outre-Manche, quand ils sont bien évidemment d'origine française ou aussi quand ils se rapportent à des *éléments* qu'on n'a pas eu l'occasion de dénommer en France, ou sur les noms desquels on n'est pas tombé d'accord. A ce point de vue encore, notre *Glossaire* méritera peut-être quelque attention. Pour faciliter les recherches, nous l'avons fait précéder d'une liste générale des termes anglais, avec renvois aux articles correspondants.

Nous avons mis à profit, pour notre remaniement, les précieux travaux de M. de Caumont; les cahiers d'*Instructions* publiés par le *Comité des arts et monuments;* le *Vocabulaire* de M. J. P.

Schmit (1); le *Vocabulaire archéologique* de M. Berty (Paris, 1845, in-8°); le *Glossaire comparé* de M. Otte (Leipzig, 1857, in-8°); enfin, et surtout, le monumental *Dictionnaire* de M. Viollet-Leduc et l'ouvrage de M. Parker cité plus haut. Divers traités théoriques ont été également consultés, notamment la traduction française des *Principes d'architecture gothique*, de Hoffstadt, publiée en 1854, par M. E. Noblet (2).

Il nous reste à énumérer les livres et les documents originaux où l'auteur anglais a puisé. Ces indications sont indispensables pour faire apprécier la véritable valeur du *Glossaire*, et le degré de confiance qu'on peut lui accorder. Nous cédons la parole à Willson : « La convention passée entre les délégués de Richard, duc d'York, d'une part, et W. Horwood, de l'autre, pour la construction de la chapelle du Collége de Fotheringhay (3), détaille avec un soin minutieux le plan et les éléments architecturaux de ce bel édifice ; mais beaucoup de termes qui s'y trouvent ne peuvent plus recevoir, de nos jours, que des interprétations conjecturales. Dans l'*Itinéraire* de Guillaume de Worcester, publié par Nasmith, deux

---

(1) Inséré dans le Manuel-Roret intitulé : *Architecte des monuments religieux*.

(2) Un vol. in-8° avec atlas in-folio.

(3) Ce document a été publié par Dugdale, *Monast.* t. III, p. 162.

des plus belles églises de Bristol, celle de Ste-Marie de Radcliffe et celle de St-Étienne, sont également décrites et pour ainsi dire analysées dans toutes leurs parties ; mais pour désigner les particularités de l'ornementation, l'auteur a employé des mots si vieillis, — des locutions provinciales peut-être, — qu'aucun glossaire connu ne saurait servir à les déchiffrer. Leland, qui rédigea son itinéraire au XVIe siècle (1), n'est pas toujours intelligible quand il parle architecture. J'ai consulté sans fruit Du Cange, à propos de termes d'origine française, qui se rencontrent dans le document prémentionné concernant le Collége de Fotheringhay » (2). — La

---

(1) Leland, chapelain et antiquaire de Henry VIII, mourut en 1552 ; son *Itinéraire* a vu le jour à Oxford en 1710, 9 vol. in 8. (*Note du traducteur.*)

(2) *Observations on English architecture*, par le Rév. James Dallaway, M. B. F. S. A. in-8°, 1806, p. 37. Les divers traités qui ont paru depuis la publication de ce volume ne lui ont pas fait perdre toute sa valeur. Il mériterait les honneurs d'une nouvelle édition : j'en possède un exemplaire annoté qui allégerait considérablement la tàche de la personne disposée à entreprendre ce travail (*Note de M. E. J. Wilson*). — Dans la *Bibliographie archéologique* imprimée à la suite des *Éléments d'archéologie nationale*, M. Batissier cite une édition de l'ouvrage de Dallaway imprimée en 1834, et inconnue de M. Brunet : nous n'avons pu nous la procurer. (*Note du traducteur.*)

plus grande partie du présent *Glossaire* a été recueillie longtemps avant qu'il ne fût question de publier l'ouvrage auquel il sert maintenant d'appendice. L'acte de Fotheringhay et l'*Itinéraire* de Guillaume de Worcester ont été d'abord étudiés en détail, à raison des indications fournies par M. Dallaway : j'ai pris note de la plupart des termes d'art dont ces écrits sont remplis, et j'en ai dissipé l'obscurité d'une manière plus ou moins satisfaisante. En dépouillant l'*Itinéraire* de Worcester, toutefois, je ne saurais assez regretter de n'avoir pu illustrer par des gravures les détails de Ste-Marie de Radcliffe et ceux de St-Étienne de Bristol, si curieusement, si minutieusement décrits dans cet ouvrage à l'époque même de l'érection de ces églises, et dans les termes mêmes dont se servait *Benet le franc-maçon* (1) : l'éloi-

(1) *Itinerarium sive liber memorabilium*, *Wilhelmi Botoner*, *dicti de Worcester*, pp. 220, 268, etc. Ce volume in-8° a été publié à Cambridge, en 1778, par les soins de James Nasmith, A. M. F. S. A., d'après le MS. de l'auteur, déposé dans la bibliothèque du Collège de *Corpus Christi*, même ville. Cet *Itinéraire* ou plutôt ce recueil de notes diverses (*Memoranda*, est rédigé pour la plus grande partie en latin, mais parsemé de locutions et de citations ou de sentences françaises et anglaises. L'auteur était de Bristol ; il s'attacha à la famille de sir John Fastolf, de Norfolk, et servit en qualité d'écuyer ce noble et opulent chevalier. La date

gnement des lieux d'une part, le défaut d'occasions de l'autre, ont été pour moi des obstacles sérieux à la réalisation complète de mes désirs. — Malheureusement les documents officiels du genre de celui de Fotheringhay sont très-rares (1). A la page 794 du tome VII (in-folio, 1709) du *Recueil de traités, conventions*, etc. (2), publié

---

de 1480 se rencontre dans plusieurs parties de son ouvrage, qui contient une foule de particularités curieuses, mais hétérogènes. L'éditeur se plaint de la mauvaise écriture du MS. original ; l'exactitude de la transcription de certains termes, dans la copie imprimée, me paraît suspecte.

(1) On doit espérer que les savants éditeurs qui ont entrepris de donner au *Monasticon* une nouvelle publicité, enrichiront ce grand recueil de quelques précis analogues, tirés des vastes dépôts littéraires confiés à leur garde. Cependant, bien qu'ils aient fait de nombreuses additions au travail de Dugdale, nous ne saurions rien citer de particulièrement intéressant, sur le sujet qui nous occupe, dans ce qui a paru jusqu'à présent.

(2) Cette précieuse collection est intitulée : *Thomæ Rymeri fœdera, conventiones, litteræ cujusque generis, acta publica, inter reges Angliæ et alios quosvis Imperatores, Reges, etc., habita aut tractata* (depuis 1101 jusqu'à 1654). Elle a eu trois éditions. La première, très-rare, a paru en 20 volumes in-folio (Londres, 1704-1735). La seconde ne comprend que les 17 premiers

par Thomas Rymer, historiographe de la réine
Anne, se trouve une ordonnance de 1395, décré-
tant les changements *(reforming)* à opérer à
Westminster-Hall ; c'est alors que les murs furent
élevés de deux pieds, et que la charpente du toit,
les fenêtres, etc., furent reconstruites telles qu'on
les voit encore aujourd'hui. Aux pages 795 et
797 figurent deux autres ordonnances, relatives
au tombeau de la reine Anne de Bohême, femme
de Richard II ; ce même monument devait également porter, plus tard, la statue du roi, qui
avait l'intention de reposer auprès de sa com-
pagne (1). — On a publié partiellement le compte

---

tomes (par Georges Holmes, Londres, 1727, in-folio).
La troisième édition, un peu augmentée, est datée de
La Haye, 1739, et ne se compose que de dix volumes,
contenant les vingt de la première édition. — Les 17
premiers tomes seuls sont de Th. Rymer ; on doit les
autres à Robert Saunderson. Le recueil de Rymer a été
résumé en un vol. in-folio, s. d. *(Note du traducteur)*.

(1) Gough (*Sepulchral monuments*, vol. I, 2e partie,
p. 164, etc.) rapporte ces deux pièces au cénotaphe de
Richard II et d'Anne de Bohême, qu'on voit à l'abbaye
de Westminster, dans la chapelle d'Edouard-le-Confesseur. Il est cependant difficile d'en faire concorder le
texte avec l'ornementation de quelques parties de ce
tombeau. Les ordonnances dont il s'agit, ainsi que
celle qui regarde Westminster-Hall, sont rédigées en
français ; elles sont très-obscures dans plusieurs passages. — V. le *Glossaire*, aux mots *Orbe*, *Souse*, etc.

des frais d'érection de la chapelle de S^t.-Étienne, dans l'ancien palais royal de Westminster (1) -- L'appendice des *Anecdotes of painting*, d'Horace Walpole, contient plusieurs *Contrats* relatifs à la chapelle du *King's College*, à Cambridge, un chef-d'œuvre d'architecture (2). — Dugdale a rendu publiques (3) les conventions arrêtées avec les artistes qui exécutèrent le somptueux tombeau de Richard, comte de Warwick; elles ont été, dans la suite, encore plus complètement élucidées dans le 4e volume des *Antiquités archi-tecturales* de Britton. — Le décret de Henry VI instituant des Colléges à Eton et à Cambridge, détaille avec une grande exactitude les plans et les dimensions des édifices à construire (4). — Les savants glossaires de Ducange, de Spelman,

---

(1) *Antiquities of Westminster*, by J. F. Smith, 1807, in-4°. J. S. Hawkins, esq., le principal auteur du texte, donne quelques extraits des rôles dont il s'agit, avec des notes; mais il a mal compris certains mots, et il en a laissé d'autres sans explication.

(2) T. IV de l'édition in-4° des *Œuvres d'Horace*, *lord Orford*, 5 vol., 1798. — V. aussi le t. I des *Anti-quités architecturales de la Grande-Bretagne*, in-4°, 1806.

(3) *Antiquités du Warwickshire*, in-folio, 1656.

(4) *A collection of all the Wills, now know to be extant, of the Kings and Queens of England*, etc., depuis Guillaume-le-Conquérant jusqu'à Henry VII ex-clusivement; 1780, in-4°.

et l'ouvrage de Skinner, « toujours instructif » (1), sont très-pauvres en vieux termes d'architecture. Cowel (2) rapporte plusieurs termes légaux employés dans les anciens actes. Le *Dictionnaire* de Cotgrave en explique d'autres qui dérivent du français (3); Kelham le complète quelquefois sous ce rapport (4). — Indépendamment de ces

---

(1) *Etymologicon linguæ Anglicanæ*, *Authore Stephano Skinnero*, *M. D.*, in-fol., 1671. C'est Whitaker, dans son *History of the ancient Cathedral of Cornwall*, 2 vol. in-4°, 1804, qui a appliqué à cet écrivain érudit l'épithète rapportée dans le texte. La langue latine est un instrument embarrassant, pour celui qui veut se livrer à des recherches sur l'origine des vieux mots anglais. On rendrait à la philologie anglaise un grand service, en donnant une nouvelle édition de Skinner, traduite, abrégée et améliorée, en un mot au courant de la science.

(2) *The Interpretor of hard words and terms*, *used either in the common or statute laws*, par John Cowel, D. C. L. 1607. — 2e éd., par T. Manley, esq., 1684. 3e édit., 1701.

(3) *Dictionnaire anglais-français*, par M. Randle Cotgrave. Londres, 1650, in-fol. On y a joint un Dictionnaire *français-anglais*, rédigé par Robert Sherwood, de Londres. Ces recueils ont conservé beaucoup de mots tombés en désuétude.

(4) *Dictionnaire du langage normand ou du vieux français*, par Robert Kelham, de Lincoln's Inn, esq., 1779, in-8°.

ouvrages et de quelques autres d'un caractère aussi général, j'ai utilisé des glossaires spéciaux, annexés à certaines publications. Ainsi j'ai consulté l'édition de Mathieu Pàris publiée à Londres, en 1640, par G. Wats, 2 vol. in-fol. ; la *Collection of royal and noble Wills*, par Nichols ; les chroniques de Robert de Glocester et de Peter Langtoft, mises au jour par Hearne, et surtout les *Parochial antiquities of Ambrosden, Bicester*, etc. (2), qui ont eu l'honneur d'être citées par le grand Du Cange. — Les notes prodiguées par Warton au haut et au bas des pages de son *Histoire de la poésie anglaise*, si justement estimée au double point de vue de l'érudition et de la saine critique, m'ont aidé à comprendre plus d'un terme employé dans le corps de l'ouvrage, à propos de Chaucer et d'autres vieux poëtes ; j'ai aussi mis à contribution divers commentateurs plus récents de l'ancienne poésie anglaise : Percy, Tyrwhitt Ellis, Ritson, Godwin, Weber, etc. — On peut ajouter à ces autorités l'*Itinéraire* de Leland, ainsi que les œuvres de plusieurs autres écrivains anglais d'un âge plus ou moins reculé. »

---

(1) In-4°, 1795. — Le *Glossaire* qui accompagne ce volume a été réimprimé à la suite de l'ouvrage intitulé : *The History and Antiquities of Bicester and Alchester*, in-8°, 1816 ; depuis lors, une nouvelle édition des *Antiquités paroissiales* a été donnée par le Révérend B. Bandinell.

Le manuscrit M, cité çà et là, est un *Diction-naire de vieux mots anglais*, écrit en 1483, et ayant fait partie de la bibliothèque de Willson.

L'article *ogive*, qui ne se trouve pas dans le Glossaire original, a été composé partiellement d'après les autres écrits de Willson, et pour le reste, d'après les autorités les plus compétentes.

A. L.

LISTE DES TERMES ANGLAIS,

AVEC RENVOIS AUX ARTICLES DU GLOSSAIRE.

Aile, ile.	Voyez Aile.
Alley, alure	» Allée.
Almery.	» Armoire.
Ambulatory.	» *Ambulatorium.*
Apse.	» Abside.
Arch-buttress.	» Arc-boutant
Ashler aslure.	« Moëllons piqués.
Barbican.	» Barbacane.
Bartizan.	» Bretèche, échauguette.
Base-court.	» Basse-cour.
Bastile.	» Bastille.
Battlement.	» Crénelage.
Bay.	» Baie, jour, travée. Cf. *Cyborium.*
Bay-window.	» Encorbellement.
Belfry.	» Beffroi.
Bench, bench-table.	» Banc.
Beryl.	» Béryl.
Billet.	» Billette.
Body.	» Nef.
Boltel.	» Tore.
Boss	» Bosse.
Bouquet.	» Bouquet.
Bower.	» Chambre.
Bracket.	» Console.
Branches.	» Branches.
Branched-work.	» Feuillages.
Brattishing.	» Crête. Cf. Bretèche.
Bretasyng.	» Bretèche.
Bretise.	» Bretèche.
Brest-summer, bressumer.	» Poitrail.

Breach.	Voyez Flèche.
Buttress, boterass. etc.	» Contrefort.
Canopy.	» Dais.
Canted.	» Biseau, chanfrein.
Cape-house	» Voûte.
Carol, carrel.	» Carolle.
Casement.	» Baie, cavet.
Castle	» Château.
Chamber.	» Chambre, maison.
Chamfer.	» Chanfrein
Champ.	» Champ.
Chapiter, chapitrel.	» Chapiteau.
Char, chare.	» Tailler.
Cheveron.	» Chevron, ferme, frette,
Chevet.	» Chevet. [zigzag.
Cinque foil.	» Quintefeuille (quatre- feuille.)
Clere-story.	» Claire-voie.
Clerestorial windows	» Claire-voie.
Closet	» Cabinet.
Coin, quoin.	» Coin.
Collar.	» Tirant.
Column.	» Colonne, pilier.
Compass-roof.	» Charpente apparente.
Compass-window.	» Encorbellement.
Cope, coping.	» Chaperon.
Corbel, corbetell, etc	» Corbeau.
Corbel-table.	» Corbeau, table.
Corbie-steps.	» Crénelage ressautant.
Cornish, cornice.	» Corniche.
Couple-close.	» Cour.
Cover.	» Louvre, mître de che-
Court.	» Cour [minée.
Crenelle	» Créneau, crénelage.
Crenellated.	» Crénelé.
Crest.	» Crête.
Crest-tilet	» Tuiles faîtières.
Crocket, crotchet.	» Crochet.
Croude	» Crypte.
Croupe, crop.	» Amortissement.
Cullis, coulisse.	» Chéneau.
Cusp.	» Pointes.
Cyling, ceiling.	» Lambris.
Dais. days, des.	» Dais.
Dancette.	» Zigzag.

Day.	Voyez Baie, jour
Deambulatory.	» *Deambulatorium.*
Dearn, dern.	» Seuil.
Depressed arch.	» Arc déprimé.
Diaper.	» Diapré.
Dormant tree.	» Poutre.
Dormant ou dormer win-	» Lucarne.
Dorter. [*dow.*	» Dortoir.
Dosel doser.	» Dorsal.
Dos d'ane.	» Dos d'âne.
Drip.	» Larmier.
Dungeon dongeon.	» Donjon.
Earth table	» Plinthe, table.
Embrasure.	» Embrasure.
Entail.	» Sculpture, souse.
Enterclop.	» Couloir.
Entre sole.	» Entresol
False roof.	» Faux-comble.
Fan tracery	» Eventail.
Fane, phare, vane.	» Girouette.
Feretory.	» Férétoire.
Fesse, face, fascia.	» Face.
Fillet, fylet.	» Listel.
Finial fynial.	» Fleuron.
Foot pace.	» Estrade.
Foot s'all.	» Piédestal.
Formerets.	» Formerets.
Free mason.	» Maçon.
Free-stone.	» Pierre de taille.
Fret-work, fretted.	» Frette, réseau.
Fumerell.	» Louvre.
Gable, gabel.	» Gable.
Gable-roof.	» Comble à pignon.
Gablet	» Guimberge.
Gable-window.	» Gable
Gallery.	» Galerie, jubé, loge
Gargle, gargyle.	» Gargouille.
Garland.	» Guirlande.
Gavell of a house.	» Gable.
Gentese	» Pointes.
Grees.	» Degrés
Groin.	» Arête (de voûte).
Groined-roof.	» Voûte d'arête.
Habenrics.	» Image.
Half-timbered.	» Charpente.

Heil.	Voyez Couvrir.
Herse, herce, hearce.	» Catafalque herse, por-
Hood-mould.	» Lambel. [tecoulisse.
Houses, housings.	» Niche, pleureurs.
House.	» Maison. Cf. Chambre.
Hovel.	» Dais.
Hyling	» Aile.
Image, imagery.	» Image.
Jesse.	» Jessé
Jube.	» Jubé.
Keep.	» Donjon.
Kernel.	» Créneau.
Killesed.	» Chéneau.
King-post.	» Poinçon.
Knob, knoppe, knot.	» Nœud.
Label	» Lambel.
Lantern.	» Lanterne.
Lardose.	» Retable.
Latin, latten, laten.	» Laiton.
Laver, lavatory.	» Lavabo.
Lectern, lettern.	» Lutrin.
Ledger, lidger	» Pierre tombale, poutre.
Ledyment, liggements.	» Cordon.
Light.	» Jour.
Loft.	» Loge.
Loop, loop-hole.	» Meurtrière.
Lover, loover, lourre.	» Louvre.
Lucarne.	» Lucarne.
Machecoulis, masche-coul.	» Machicoulis.
Maëremium, maërennum.	» Marisme.
Mantle tree.	» Manteau de cheminée.
Mantle-piece.	» Chambranle.
Miserere, misericorde.	» Miséricorde.
Mold, mou'd.	» Moule.
Moulding.	» Moulure.
Mullion, munnion (moynel, moyniels).	» Meneau.
Neck-mould.	» Astragale.
Needle-work.	» Broderie.
Nigged-ashler	» Moëllons piqués
Nosing.	» Larmier.
Nunnery.	» *Triforium.*
OEillet.	» OEil.
Ogee, ogyve.	» Ogive.
Orb.	» Orbe.

Oryel, oriel.	Voyez	Encorbellement, oriel.
Over-story.	»	Claire-voie.
Pane.	»	Panneau.
Paned.	»	Pannelé.
Panel.	»	Panneau.
Paradise.	»	Paradis.
Parapet.	»	Balustrade.
Parlor.	»	Parloir.
Parvis.	»	Paradis, parvis.
Patand.	»	Patin.
Pend.	»	Voûte.
Pendant, pendent.	»	Pendentif.
Porch, perk, pearch.	«	Console, perche.
Perclose, par-close.	»	Cloison, parclose.
Perpin, perpender, perpent-Stone	»	Parpaing.
Perpeyn-walls.	»	Parpaing.
Picture.	»	Peinture.
Pillar.	»	Colonne, pilier.
Pinnacle.	»	Pinacle.
Pinnakyll.	»	Pinacle.
Pomel.	»	Pomme.
Poop.	»	Pouppe.
Portcullis.	»	Porte-coulisse. Cf [Herse.
Portraiture.	»	Portrait.
Post.	»	Poteau.
Presbytery.	»	*Presbyterium.*
Prynt, print.	»	Plâtre.
Purfled.	»	Crochet.
Quadrant.	»	Quadrangle. Cf. Yard.
Quarrel, quarry.	»	Carrière, filotière.
Quarta.	»	Panneau.
Quatrefoil.	»	Quatrefeuille. Cf. Orbo.
Queen-post.	»	Faux-poinçon.
Reredos.	»	Retable.
Respond, responder, res-Responde. [pounde.	»	Dosseret.
Ressault.	»	Dosseret.
Ressaunt, ressaut.	»	Ressaut.
Retable.	»	Doucine.
Ribs.	»	Retable.
Rood-coft.	»	Nervures.
Rood tower, rood steeple.	»	Jubé. [cher.
Rose-window.	»	Tour centrale. Cf. Clo-
Rough setter.	»	Rose. Cf. OEil.
	»	Maçons.

Rough-stone.	Voyez Moëllons piqués.
Round.	» Rond.
Sconce.	» Bras, trompe.
Screen.	» Ecran.
Scripture.	» Inscription.
Scutables.	» Ecusson.
Scutcheon, escocheon.	» Ecusson. Cf. Lanterne. OEil.
Seeling.	» Lambris.
Sencreste, sincreste.	» Crête.
Sererey.	» Cyborium.
Shaft.	» Fût.
Shingle.	» Bardeaux.
Shrine.	» Châsse.
Sill.	» Seuil.
Slyp.	» Couloir.
Sole.	» Seuil.
Soler, soller.	» Galetas.
Source.	» Souse.
Soursadel.	» Retable.
Souse.	» Souse.
Spandril.	» Spandril.
Spence.	» Dépense.
Spere.	» Ecran, paravent.
Sperver, sperware, sparver.	» Ciel.
Spire.	» Flèche.
Squillery.	» Ecuellerie.
Squinch.	» Trompe.
Stage.	» Etage.
Stall.	» Stalle.
Stanchel, stancheon.	» Etançon.
Standart.	» Type.
Steeple.	» Clocher.
Story.	» Etage.
Story-posts.	» Etage.
Stoup.	» Bénitier.
Strike.	» Etançon.
Stump.	» Chicot.
Surbast-arch.	» Arc surbaissé.
Summer-tree.	» Poitrail.
Tabernacle.	» Niche, tabernacle.
Table.	» Table.
Tester, teston.	» Ciel.
Thakke.	» Couvreurs.
Through.	» Sarcophage.

Timber work.	Voyez Charpente.
Touch stone.	» Pierre de touche.
Tower-windows, tower-lights; turret-windows, turret-lights.	» Fenêtres à tours, à tourelles.
Tracery.	» Réseau.
Transept.	» Transsept.
Transom.	» Traverse.
Traverse.	» Traverse, transsept Cf.
Trefoil.	» Trèfle. [Loge.
Trellice.	» Treillis.
Triforium.	» *Triforium.* Cf. Claire-voie.
Trough.	» Sarcophage.
Turn-pike.	» Escalier à vis.
Tylle-thakkers.	» Couvreurs, couvrir.
Tylicium.	» *Tylicium.*
Tymber.	» Tymbre.
Vawte, voute, vault.	» Voûte.
Vethym, vathym.	» Brasse.
Vice.	» Escalier à vis.
Vidimus.	» *Vidimus.*
Vignette, vinette.	» Vigne.
Vyce.	» Escalier à vis.
Wall-plate.	» Plate-forme de comble.
Weepers.	» Pleureurs (statuettes
Wind-beam.	» Tirant. [de).
Yard.	» Yard.
Zigzag.	» Bâtons rompus; chevron, zigzag.

GLOSSAIRE.

ABSIDE, *apside* (**Apse**), du grec ἀψίς (ἀψὶς οὐράνιος,
la *voûte* céleste. PLAT., *Phæd.*). L'extrémité du chœur
d'une église, soit en hémicycle, soit à pans coupés, ou
même fermée par un mur plat. Par extension de sens,
on appelle encore *abside*, aujourd'hui, les chapelles
sémi-circulaires ou polygonales des transsepts ou du
rond-point ; mais l'*abside* est proprement la tribune ou
cul-de-four qui clot la basilique antique. V. CHEVET.
On l'appelait quelquefois *conque*, parce qu'elle était
recouverte d'une demi-coupole, ou *béma* (le sol en étant
plus élevé que celui du reste de l'édifice). Au sommet de
l'hémicycle était le trône ou la chaire *(cathedra)* de
l'évêque ou de l'abbé, dominant un peu les siéges des
prêtres, qui consistaient en un banc continu de pierre, ou
en niches pourvues chacune d'une banquette. L'ensemble
de ces siéges s'appelait en grec σύνθρονος, en latin *con-*
fessus ; on désignait encore le tout par le nom de *tribunal*
ou de *presbyterium* (v. ce mot). Les absides, d'abord
aveugles (sans fenêtres), furent ouvertes lorsque la coutume s'introduisit d'orienter les églises ; plus tard on
établit de chaque côté, au bout des *ailes* (v. ce mot),
des absides secondaires, fermées par un voile ou por-
tières ; celle de gauche (διακονικόν, *secretarium*) était

la sacristie ou le trésor du *presbyterium*) ; celle de droite
(πρόθεσις, *offertorium*) servait à la consécration des
offrandes. On voit des églises à une seule nef ayant leurs
trois absides rangées de front. Plus tard, quand les
collatéraux se rejoignirent derrière le chœur, le *presbyterium* devint une chapelle ordinairement consacrée
à la Ste-Vierge, et les absides secondaires furent parfois
transportés dans les bras des transsepts. Les absides
se multiplièrent autour du chœur; on construisit aussi
des églises ayant deux absides opposées, chacune occupée
par un autel (églises à contre-abside), etc. V. SCHMIT.
vº Abside ; cf. VIOLLET-LEDUC. *Ibid.*

AILE (Aile), L. *Ala ecclesiæ.* — En Grèce et à
Rome, on donnait le nom d'*ailes* (πτερώματα, *alæ*) aux
galeries extérieures des temples, formées par des colon-
nades. Dans l'architecture du moyen-âge, on désigne
au contraire par ce terme les portiques intérieurs ou
galeries latérales (*wings*) des églises, et en général de
toute grande salle divisée longitudinalement, par des
rangées de piliers, en plusieurs *nefs* ou compartiments.
— La nef du milieu (*middle-aile*, expression impropre,
mais usitée en Angleterre) s'appelle *maitresse-nef, nef
principale, grande nef* ou simplement *nef* (de *naris,*
vaisseau). — Les ailes sont souvent nommées *collatéraux,* d'après la position qu'elles occupent, ou *bas-côtés*
parce qu'elles sont ordinairement moins élevées que la
nef centrale (V. HOFFSTADT, p. 368 et suiv.) — « Dans
quelques belles églises à cinq nefs, le premier collatéral,
celui qui se joint immédiatement à la grande nef, est
plus élevé que le second, et porte un rang de verrières
au-dessus de ses arcades » (SCHMIT, p. 398). — On
appelle aussi quelquefois *ailes* les bras de la croix,

surtout lorsqu'ils sont en saillie sur le plan (Id., p. 267).
— Les vieux auteurs écrivent tour à tour *Aisle*, *Isle*, *Yle*, *Aile* : cette dernière orthographe a seule prévalu.
— Dans Whitaker (*History of Whalley*), on trouve (B. iv. C. iii) un contrat, daté de la 24e année du règne de Henry VIII, et ayant pour objet la reconstruction des *hylings* N. et S. de l'église de Barnley, avec ses contre-forts, etc. Ce mot *hylings* désigne les *ailes* de l'église. Est-il bien nécessaire de faire dériver **hyling** (*heiling*) du verbe *hiel*, couvrir (v. COUVRIR), comme le veut M. Willson ? N'est-ce pas tout simplement un mot corrompu ?

ALLÉE (**Alley**), aile : toute partie d'une église ouverte à la circulation, servant de passage. On trouve mentionnées, dans quelques anciennes descriptions de cathédrales « l'allée du doyen » (*the dean's alley*) « l'allée du chantre » (*the chanter's alley*) « l'allée transversale ou transsept « (*the cross-alley*) etc. (*V*. TRANSSEPT). — De nos jours, on appelle *allées*, dans les maisons ordinaires, les passages de communication (*corridors*) servant à dégager les chambres : Ce sont les *fauces* de Vitruve (DAVILER, v° *Allée*). Les autres sens du mot *allée* sont énumérés dans tous les *Dictionnaires d'architecture*.— Robert de Gloucester se sert du vieux mot **Alur** (**Alure, Alura**) litt. *allée*, pour désigner une bretèche, un balcon, une galerie extérieure avec balustrade.

Upe the alurs of the castle the laydès thanhe stode,
And byhulde thys noble game, and wyche knyghts were good.
Robert of Gloucester's Chronicle, I, 193.

« Du haut des balcons du château, les dames contemplaient ce noble divertissement » etc.

ALLÉGE. V. SEUIL.

AMBULATORIUM ou *DEAMBULATORIUM*
(**Ambulatory, Deambulatory**), galerie, allée, corridor
d'un cloître ; pourtour du chœur où l'on peut circuler.
On disait aussi *Ambulacrum*. — Dans les descriptions
des vieilles basiliques latines, le mot *ambulaculum* est
employé (le plus souvent) pour désigner l'*atrium* ou
vestibule à portiques, qui n'a d'ailleurs de commun que
le nom avec l'*atrium* des maisons romaines.

AMORTISSEMENT. Couronnement d'un édifice, ouvrage d'architecture qui termine une façade, une toiture, un pignon, un contrefort (Cf. VIOLLET-LEDUC,
Schmit, etc., pour les différentes acceptions de ce mot).
Le vieux terme anglais **Croup** ou **Crop** (du saxon **cropp**)
désigne de même le sommet, la partie supérieure d'une
construction quelconque. William de Worcester mesura
la tour de l'église de St-Etienne, à Bristol, depuis le
niveau du sol (*earth-table*) jusqu'à l'amortissement (*crope*)
qui termine la bâtisse en pierre. *Crope* signifie ici la
tête des pinacles. V. FLEURON. — Dans l'architecture
française, *croupe* signifie l'extrémité d'un comble qui ne
s'appuie pas sur un pignon de maçonnerie. Les absides
circulaires ou à pans des églises sont terminées par des
croupes (VIOLLET-LEDUC).

ARC-BOUTANT (**Arch-buttress**) : arc prenant
naissance au-dessus du toit d'une nef latérale, et contre-
butant la muraille d'une claire-voie. On trouve des arcs-
boutants adossés aux flèches des tours, aux lanternes, etc.
« *A cors wyth an arch-buttant,* » dit Guillaume de
Worcester dans son *Itinéraire*, 269 ; c'est-à-dire « un

contre-fort (litt. une assise de pierres, *a course of stone*) avec arc-boutant. " On dit souvent, en langage poétique, *flying-buttress*, arc volant , WILLSON). — " Les arcs-boutants sont les arcs extérieurs qui , par leur position, sont destinés à contre-buter la poussée des voûtes en arcs d'ogives. Leur naissance repose sur les contre-forts ; leur sommet arrive au point de la poussée réunie des arcs-doubleaux et des arcs ogives " (VIOLLET-LEDUC). — L'arc-boutant remplit la mission de l'*erisma* de Vitruve. (V. le *Dict. latin* de FORCELLINI, v° *anterides*.)

ARC DÉPRIMÉ (**Depressed-arch**). L'arc déprimé du style flamboyant est une ellipse aplatie, ou une plate-bande à coussinets arrondis (PARKER). M. Schmit en cite un autre dont on n'a signalé jusqu'ici l'existence qu'en Angleterre ; mais il n'est pas impossible, ajoute-t-il , qu'on en trouve aussi des exemples en France dans quelques monuments romains contemporains de l'invasion anglaise, surtout dans des cryptes. " Un archéologue anglais dit qu'il représente la figure que tracerait un homme ayant la poitrine appuyée contre une muraille, les bras étendus, et promenant sans les fléchir, de chaque main , un morceau de craie sur cette muraille jusqu'à ce qu'elles se rencontrent au-dessus de sa tête. Disons plus simplement que c'est l'image d'un arc plein-cintre, dont le sommet aurait fléchi sous une forte pression , qui lui aurait fait contracter une légère courbure inférieure. " — Sur les différentes espèces d'arcs, v. le vol. I des *Motifs et détails*, de Pugin , et ci-après l'art. OGIVE.

ARC DROIT A ENCORBELLEMENT. Arc trilobé dont le sommet est aplati comme un linteau ordinaire , présentant l'aspect d'un trèfle dont la partie supérieure aurait été tronquée. Les édifices de l'ancien style anglais, dans les comtés du Sud, en offrent plusieurs exemples ; ceux qu'on trouve dans le Nord appartiennent à une période plus récente (PARKER).

ARC SURBAISSÉ (**Surbast-arch**). Ce terme est appliqué à la courbure de l'arcade qui surmonte un tombeau de la cathédrale de Salisbury, désigné communément, mais à tort, sous le nom de monument de l'évêque Bridport (GOUGH, *Sepulchral monuments*, I, 53, pl. XVII). N. B. L'arc dont il s'agit est composé, à sommet obtus. Il est dit surbaissé (*surbast*, en quelque sorte *sur-based*), parce que ses principaux centres sont pris au-dessus de sa base. — « Ce terme est peu usité, et à juste titre, » dit M. Willson. Quoi qu'il en soit, il a été admis sans observation par beaucoup d'archéologues modernes, en France comme en Angleterre ; on oppose *l'arc surbaissé* à *l'arc surhaussé* (v. *Motifs*, t. I, p. 24, 27, 29 ; Cf. PARKER, t. I, p. 40 ; BERTY, p. 25). M Berty appelle *surbaissés* : 1º les arcs *en anse de panier*, formés d'une demi-ellipse coupée suivant son grand axe ; 2º tous ceux qui, formés d'une courbe composée, ont pour hauteur moins de la moitié de leur largeur.

ARÊTE angle vif ou tranchant, formé par la rencontre de deux surfaces. ARÊTE DE VOUTE (**Groin**) : v. VOUTE D'ARÊTE.

ARMOIRE, *Almoire* (**Almery**), L. *Almonarium*, *armarium*, *almeriola*. Buffet, cabinet ou réduit clos, ménagé dans la muraille. Le nom d'*armoire* se rattache à une ancienne coutume hospitalière, qui consistait à déposer, dans un endroit particulier de l'église, des aliments froids ou des reliefs, destinés à être distribués en aumônes. Dans le nord de l'Angleterre, on dit communément *Ambrey*, *Aumbry*, *Aumery*. — V. dans le *Dict.* de M. Viollet-Leduc, t. I, p. 470, le dessin d'une *armoire* de la grosse tour carrée de Montbard. — L'*armarium* ou *armariolus*, dans les plus anciennes abbayes, était une simple niche pratiquée à côté du cloître, et où les moines renfermaient leurs livres usuels pendant leur travail aux champs. — A côté des autels étaient des armoires (*niches*, *crédences*), où l'on conservait les objets nécessaires au service de la messe, les reliques, les trésors, etc. (*Ibid.*, art. *Armoire.*)

ASTRAGALE (**Neck-mould**). Moulure ronde, de faible saillie, entourant le fût d'une colonne à la naissance du chapiteau, ou le sommet d'un pinacle à la naissance du fleuron. « Dans l'architecture gothique, dit M. Schmit, l'astragale est généralement beaucoup plus important que dans l'architecture antique ; quelquefois son profil diffère essentiellement. Il devient conique, ou s'amincit par un cavet. »

BAIE (**Bay**). 1. Ouverture. 2. Mesure arbitraire de la dimension d'un édifice, communément usitée dans les anciennes descriptions, où la longueur d'un toit est désignée par le nombre des formes principales de sa charpente, et la largeur d'une façade en bois par le nombre des piliers ou larges poteaux qui séparent les *baies* l'une de l'autre. V. Travée. 3. Les différentes ouvertures d'une fenêtre, entre les meneaux, souvent appelées *jours* (*days*), par suite d'une erreur attribuable aux éditeurs de certaines notices anciennes sur des monuments (?). V. *Motifs*, vol I, p. 57. — Les baies ou compartiments d'une fenêtre portent aussi, dans les vieux auteurs anglais, le nom de **Casement**. (V. CAVET)

BALUSTRADE (**Parapet**) , ital. *para-petto* (litt. garde-poitrine). En français, un *parapet* est un mur bas, servant d'appui ou de garde-fou à un quai, à un pont, à une terrasse, etc. (Cf. ANTONY RICH, v° *Lorica*. n° 10). Le terme anglais s'applique plus spécialement au garde-corps d'un toit, souvent crénelé (*battlement*). V. CRÉNELAGE. Le nom de *balustrade* est seul employé aujourd'hui, dans notre langue, pour désigner les galeries qui couronnent les chéneaux. Les balustrades sont presque toujours à claire-voie, et parfois d'un dessin très-riche. (V. VIOLLET-LEDUC, SCHMIT, etc.) La balustrade s'appelle aussi *accoudoir*; celle qui est à l'entrée du chœur d'une église (la *table de communion*) porte le nom de *chancel* ou *cancel*.

BANC. On appelait **Bench-table** (ou simplement **Bench**), en Angleterre, un siége bas ou banc de pierre formant soubassement intérieur, dans un grand nombre d'églises; quelquefois les piliers sont entourés d'un banc. Contrat pour l'église de Fotheringhay, etc. Cf. VIOLLET-LEDUC, v° *Banc*.

BARBACANE , *barbequenne* (**Barbican, Barbacan, Barbycan,** *antemurale*. Ms. M.) On désignait par ce terme, dans les anciennes fortifications, un ouvrage avancé, quelquefois placé au-dessus d'une porte, pour protéger le pont-levis, d'autres fois à une courte distance des ouvrages principaux, pour épier les approches de l'ennemi. Les portes (*Bars*) de la ville d'York offrent encore aujourd'hui de beaux exemples de barbacanes de la première espèce. Une partie de la cité de Londres a conservé le nom de *Barbican*, en souvenir de la barbacane voisine de *Cripple-gate*. — « Les barbacanes étaient construites simplement en bois, comme les *ante-muralia*, *procastria* des camps romains, ou en terre avec fossé, en pierre ou moëllon avec pont-volant, large fossé et palissades antérieures (Viollet-Leduc). — Aujourd'hui *barbacane* signifie la petite ouverture verticale par laquelle les assiégés passent le canon des armes à feu, pour tirer à couvert sur les ennemis, du haut des murs ; et de là, par extension, l'ouverture ménagée dans le mur d'une terrasse pour l'écoulement des eaux pluviales. — Dans le patois du pays de Liége, une lucarne s'appelle *bâbècine*.

BARDEAUX (**Shingle**, **Shindle** ; all. *schindel*, lat. *scandulœ*). Planchettes qu'on emploie en guise de tuiles, pour couvrir un toit, un auvent, ou même les pans de bois d'une construction élevée avec économie. Les bardeaux sont surtout en usage dans les pays de forêts ; on n'en voit plus guère en Angleterre, où ils étaient autrefois très-communs. Le chaperon en pierre de plusieurs grands contre-forts de la cathédrale de Lincoln est taillé en imitation de bardeaux dont le *pureau* (la partie visible) se termine en pointe. Beaucoup de flèches de pierre, en France, sont couvertes de la même manière. (Cf. Viollet-Leduc, v° *Bardeau*.)

BASSE-COUR (**Base-Court**). Cour dépendant d'un château ou d'une grande maison, et autour de laquelle s'élèvent les écuries, les cuisines, etc. (*Définition de* Daviler : « Cour séparée de la principale, et qui sert

pour les écuries, les carrosses et les gens de livrée. »)
N. B. Leland et d'autres anciens écrivains, lorsqu'ils
décrivent de grandes *résidences*, distinguent commu
nément la *basse-cour* de la *Court-of-lodgings* (litt. *cour
des logements*). Cette dernière était entourée des principaux corps d'habitation, et assez souvent séparée de
la *basse-cour* par la grande salle (*hall*).

BASTILLE (**Bastile**), du bas-latin *Bastia*, tour ou
bastion, dans les fortifications d'une ville. *Itin. W.
Worcester*, 266. Cf. VIOLLET-LEDUC, v° *Bastide*, et le
Glossaire de DUCANGE.

BATONS ROMPUS (**Zigzags**). Boudin ou baguette
brisée, moulure très-commune dans l'architecture normande, qui l'employait à la décoration des arcs, archivoltes, bandeaux, etc. V. ZIGZAG, CHEVRON. (Cf. VIOLLET-
LEDUC, V° *Bâtons-rompus*.

BEFFROI , BAFFRAIZ (**Belfry**). 1 Clocher. — « On
désigne par ce mot (*sc.* Beffroi) un ouvrage de charpente destiné à contenir et à faire mouvoir les cloches ;
prenant le contenant pour le contenu, on a donné le nom
de beffroi aux tours renfermant les cloches de la *commune*. » (VIOLLET-LEDUC). 2. Le terme anglais s'appliquait encore à un appentis ou hangar en bois, servant
à protéger contre les intempéries de l'air les chariots et
les instruments de labourage. En France, on appelait
belfrois ou *beffrois* les tours (roulantes) en bois qu'on
employait à l'attaque des places fortes (avant l'introduction de l'artillerie à feu). « Quand il s'agit de l'attaque,
dit M. VIOLLET-LEDUC (V° *Bretèche*), la *bretèche* (V. ce
mot) diffère du *beffroi* en ce qu'elle est immobile, tandis

que le *beffroi* est mobile. » L'une des églises d'York porte, dans quelques documents latins, le nom de *St-Michel de Belfry*, *in berefridg*, à cause de sa situation voisine d'une tour où étaient suspendues les cloches de la cathédrale, non loin de ce temple même, comme c'était encore le cas jusqu'à ces derniers temps à Salisbury, et précédemment à Londres au vieux St-Paul, à l'abbaye de Westminster, etc., et comme on peut le voir aujourd'hui même à la cathédrale de Chichester.

BÉNITIER (Stope, Stoppe, Stoup). Vaisseau ou bassin contenant l'eau bénite, et placé à l'entrée d'une église catholique. Il y a des bénitiers adossés aux murailles, aux colonnes, ou portés par un petit pilier ou piédestal. (V. PARKER.) De là le nom de *Stoup* s'applique aussi au pilier court qui sert de support à une statue.

BÉRYL (Beryl), substance dont les fenêtres du château de Sudeley et d'autres palais somptueux étaient vitrées. (V. l'*Itinéraire* de Leland.) Ce mot a donné lieu à de nombreuses discussions; il est pourtant présumable qu'on désignait par là un cristal naturel... « A St-Gilles, dit Chaucer (*House of Fame*), tout entier de pierre de *béryl* (*bérille*); » et dans Lydgate : « Toutes les fenêtres ouvragées en *béryl*, et d'un cristal clair. » V. les dissertations curieuses de Whitaker, sur le béryl (*St-Germain's cathedral*, vol. II, 280). — On sait que le nom de *béryl* (βερύλλιον) ou *aigue-marine* s'applique, en français, à une espèce d'émeraude.

BILLETTE (Billet). La moulure à billettes (*billeted moulding*) est particulière aux édifices de *style normand*; cependant on en trouve quelques exemples postérieurs à l'adoption de l'arc ogival : dans les ailes.du chœur de la cathédrale de Lincoln, quelques-unes des nervures de la voûte sont pourvues de cet ornement. Les billettes sont des portions de cylindres ou moulures rondes en guise de tores ou de bâtons (*bottels*) coupés, dont les tronçons sont séparés par des vides. Il y en a d'ailleurs de différentes formes, notamment les *billettes carrées*, qui se composent de séries de petits parallélogrammes offrant l'aspect d'un échiquier. V. LÜBKE. l. V, ch. 2.

BISEAU , *chanfrein* (**Cant**), arète abattue donnant lieu à une surface inclinée ou rampante. Le vieux terme anglais **Canted** s'appliquait aux constructions d'un plan polygonal, par ex. aux fenêtres ébrasées, aux oriels à pans coupés, etc. — La description du palais royal de Richmond, en 1649, mentionne une tour en pierre de taille, appelée « *the canted tower* » litt. la tour biseautée. *Vetusta monumenta*, vol. II.

BOSSE (**Boss**). Ornement en relief ordinairement placé au point de jonction des nervures des voûtes, ou à l'extrémité d'une moulure formant saillie. On en trouve de dessins variés.

BOUQUET (**Bouquet**). Touffe de feuillage au sommet d'un pinacle ; fleuron (V. ce mot).

BRANCHES (**Branches**). Dans quelques anciens documents anglais, le nom de *branches* est donné aux nervures des voûtes en arète (*groined roofs*).—En français, les nervures diagonales s'appellent *branches d'ogives* (lierne). V. OGIVE.

BRAS , *plaque* (**Sconce**). Branche de chandelier s'appliquant à une muraille, et dont l'extrémité porte une bobèche. Lorsqu'on consacrait une église, on en plaçait sous les *croix de consécration* (CRUCES SIGNATÆ) tracées sur les murs à une certaine hauteur (OTTE.) V. TROMPE.

BRASSE (**Vethym**, **Vathym**). Angl. mod. *Fathom.* Mesure de six pieds. « *Item* altitudo voltæ totius ecclesiæ ab areâ ecclesiæ, continet XI anglice *vetheyms*, et quolibet *vethym* constat ex... pedibus, seu... virgis. » *Itin. W. of Worcester*, 79. « Quatre grandes arcades de X brasses (*vethym*) de hauteur. » *Ibidem*, pp. 175, 185. — N. B. Cette mesure était censée égale à la distance des deux points extrêmes qu'un homme peut atteindre en étendant les bras (V. *Itin. Will. of Worc.*, p. 186); on s'en servait autrefois pour apprécier les hauteurs et les profondeurs. « Et la plus haute tour appelée tour principale, c'est-à-dire tour éminente par rapport aux quatre autres, dépasse celles-ci de cinq brasses (*fethym*), et elle a des murs épais de six pieds. » W. DE WORCESTER, *Account of the Castle of Bristol*; *Itin.* 260.— V. YARD.

BRETÈCHE (*Bertesca*, *Berteschia* dans la basse-latinité), **Bartizan**, **Bartizene**; **Bretasyng**, *propugnaculum.* Ms. M.), balcon ou plate-forme avec parapet, au haut d'un édifice. « La bretèche du clocher » (*The Bertisene of the Steeple*) est mentionnée dans un passage cité par Jamieson, en son *Dictionnaire étymologique du dialecte écossais.* Ce terme se retrouve dans le roman de Waverley, vol. I, où l'auteur décrit le manoir de *Tully-Veolan*, dans les basses-terres, bâti en 1594. V. aussi GROSE, *Antiquités de l'Ecosse.* — Ritson

3

(*Metrical Romances*) dit *bretise* au lieu de *bartizan*. — La bretèche ne doit pas être confondue avec le hourd. « Le *hourd* est une galerie continue qui couronne une muraille ou une tour, tandis que la *bretèche* est un appentis isolé, saillant, adossé à l'édifice, fermé de trois côtés, crenelé, couvert et percé de machicoulis » (VIOLLET-LEDUC, V° *Bretèche*). Dès le XIVᵉ siècle, on trouve aussi le mot *bretèche* employé dans un sens étranger à l'architecture militaire : les maisons de ville étaient garnies d'une bretèche faite en bois ou maçonnée, donnant sur la voie publique, et où l'on faisait les criées, les proclamations, etc. On disait *bretéquer* pour *proclamer* (Ibid.).

BRODERIE (**Needle-Work**). Le Dʳ Plott se sert du terme *needle-work* pour donner l'idée du curieux système de construction en bois et en plâtre, usité dans beaucoup de vieilles maisons. Il paraît que, de son temps, on l'appelait communément ainsi. Nous disons encore : *broderie de fenêtres*. V. RÉSEAU, CHARPENTE.

CABINET (**Closet**). Se dit d'une petite chambre, d'un appartement privé. — Les chapelles latérales dont les deux côtés de la chapelle du Collége du Roi, à Cambridge, sont garnies, sont appelées *closets* dans l'acte de fondation. « On décorera la salle principale et les grandes chambres, ainsi que la chapelle et les *closettes*. » (LELAND, *Description de Wressil Castle. Itin.* v. I, p. 54.)

CAROLLE, *carolla*, *carola* (bas-latin), **Carol** ou **Carrel**, petite loge ou niche pratiquée dans un corridor de cloître, avec banc et pupitre, où les moines allaient lire et écrire. On trouve des carolles dans beaucoup de grands monastères, à Durham, à Gloucester, à Kirkham dans le Yorkshire, etc. ; leur nom dérive des *carola* ou sentences qu'on y inscrivait sur les murs, et qui étaient souvent des strophes rimées (V. *Ancient rites of Durham.*) Le prieur de Kirkham reçut de l'archevêque d'York l'ordre de surveiller les *carolles* de son monastère, afin qu'on n'en fît pas un mauvais usage.

CARRIÈRE (**Quarry**). Lieu creusé sous terre ou le long de la côte d'une montagne, d'où l'on extrait les pierres à bâtir. Du lat. *Quadraria* ou *quadrataria* (*quadratus lapis*, pierre de taille), selon MÉNAGE. Lat. *Lapidicina*. Cf. cependant DIEFFENBACH, *Celtica*, I, 105. — V. FILOTIÈRE.

CATAFALQUE , *chapelle ardente* (anc. angl. **herse, herce** ou **hearce**), espèce d'estrade élevée au-dessus du cercueil d'un personnage de distinction, et décorée de tentures funèbres ; grillage de fer ou de bronze destiné à porter les lumières dont on entoure un tombeau. Le sarcophage du comte de Warwich, fondateur de la célèbre chapelle de Beauchamp, est orné d'un catafalque en laiton placé au-dessus de la statue ; on y suspendait autrefois une draperie. V. DUGDALE, GOUGH, et les *Antiq. arch.*, vol. IV. Cf. OTTE, p. 220. — V. HERSE, LAITON.

CAVET (**Casement**). Moulure concave, faisant l'effet contraire du *quart-de-rond* ; elle correspond à la *scotie* ou au *trochilus* de l'architecture italienne. William de Worcester distingue plusieurs variétés de cavets ou de scoties : par exemple, dans la porte septentrionale de l'église de St-Etienne de Bristol, « un cavet feuillagé » (*a casement with levys*) désigne une moulure creuse ornée de feuillages sculptés. *Itin.*, p. 220; « un cavet garni de *trayles*... » La description est incomplète : *trayles* désigne probablement les jets ou pousses végétales (bourgeons?) sculptés dans le cavet. Page 269, le même auteur mentionne « un cavet inférieur » (*lowering*), dans la porte occidentale de l'église de Redcliffe, pour signifier une moulure creuse, dont le rebord extérieur forme gouttière. *N. B.* Il n'y a point de porche ou de porte à l'église St-Etienne, du côté du nord ; d'où il faut conclure que l'indication précitée concerne le porche méridional. — Le mot *casement* a deux autres significations : 1º une baie ou un compartiment de fenêtre, entre les meneaux (v. BAIE); 2º un châssis fixe (*dormant*) pourvu de gonds (pour ouvrir et fermer), entourant une partie du vitrage d'une croisée.

CHAMBRANLE. Bordure avec moulure autour d'une porte, d'une croisée ou d'une cheminée, comprenant les *montants* (les côtés) et la *traverse* (le haut). **Mantle-piece** peut se traduire par *chambranle* de cheminée (*chimney-piece*).V. MANTEAU DE CHEMINÉE. — Le chambranle est l'*antepagmentum* de Vitruve. V. DAVILER.

CHAMBRE (**Chamber**) lat. *Camera* ou *camara*, du grec καμάρα, voûte (LITTIÉ, *Dict. fr.*), et plus directement du latin *camurus*, courbé ou cambré, parce qu'anciennement, dit Daviler, la plupart des chambres étaient voûtées : le mot *camera* lui-même signifie litt. une voûte surbaissée (v. RICH, *Dict. des antiq. rom.*, vº *Camera*). Une pièce d'habitation, un appartement. Dans plusieurs anciennes descriptions de châteaux anglais, les chambres sont distinguées des *houses* (V.

Maison). Les chapelles, les grandes salles (*halls*), les cuisines et plusieurs autres appartements essentiels d'une maison ne portaient point le nom de *chambres*. La *grande chambre* correspondant à notre moderne *salon d'assemblée* ou de conversation (Cf. vol. II des *Motifs*, descr. de la pl. XI), était ordinairement adjacente à la grande salle (*hall*). — Le vieux mot anglais **Bower**, *bowre* désignait un appartement intérieur, une chambre, un parloir. Selon M. Otte, il s'appliquait particulièrement, dans les anciens châteaux, à l'appartement des femmes.

CHAMP (**Champ**). Surface plate, comme le parement d'un mur, que William de Worcester (*Itin.*) appelle *champ-ashler* (V. Moellons piqués). Le même auteur se sert aussi du mot *felde* dans ses énumérations de divers membres d'architecture. Les contrats passés pour les ornements en cuivre de la tombe du comte de Warwick, stipulent que « tous les *champs* autour des lettres seront creusés et hachés, de manière à bien faire ressortir l'inscription. » V. n° 6. *Dugdale*, et les *Antiq. archit.*, vol. IV. *note*. Les lettres sont en relief, non gravées, selon le procédé le plus ordinaire et le plus économique. — *Champ* se dit en français de tout subjectile, de tout fond sur lequel se détache un sujet, une figure (Schmit).

CHANFREIN (**Chamfer**). Arête abattue du piédroit ou jambage d'une porte, d'une arcade, etc., biseautée ou coupée diagonalement (*canted*). Les montants de la porte figurée à la pl. XX du tome II des *Motifs* sont *chanfrenés* ; il en est de même des piédroits des arcades marquées D, pl. XXXVI du premier volume. V. Biseau.

CHAPERON , *tablette* (**Cope, Coping**). Se dit des pierres qui forment la couverture d'une muraille ou d'un crénelage, des parties saillantes d'un contre-fort, etc. On se sert aussi du terme *bahut* , pour désigner l'appui d'un parapet, d'une balustrade, etc. V. SCHMIT, v° *Bahut.*

CHAPITEAU (**Chapiter, chapitrel**), partie supérieure évasée d'une colonne ou d'un pilier, servant de transition entre le support et la chose portée ; du latin *capitellum* , petite tête, couvercle. Cf. VIOLLET-LEDUC, v° *Chapiteau.*

CHARPENTE (**Timber-work**) *Charpente* ou *charpenterie* (VITRUVE : *Materiatio* ou *materiatura*) s'entend aussi bien de l'art d'assembler les bois pour les bâtiments, que de l'assemblage même (DAVILER). V. l'excellent article *Charpente* , dans le *Dict.* de M. VIOLLET-LEDUC. — Le bois joua un grand rôle dans les constructions privées du moyen-âge. D'ordinaire, ainsi que M. VIOLLET-LEDUC l'a péremptoirement démontré pour des maisons du XII° siècle (v° *Maison*, t. VI, p. 220, *note*), lors même que le rez-de-chaussée était en maçonnerie, l'étage était un ouvrage de charpenterie. C'est à cette structure mixte que M. Willson applique le terme **Half-timbered;** M. Otte, d'autre part, désigne ainsi ce qu'on appelle en Allemagne *Fachwerk* (*parietes cratitii*; v. le *Dict.* des frères GRIMM), c'est-à-dire des murailles en pans de bois, dont les panneaux sont remplis de maçonnerie.

CHARPENTE APPARENTE (**Compass-roofed**). « Mais la nef de l'église, entre le clocher et la lanterne, a une charpente apparente (*is compass-roofed*) et laisse voir la toiture, comme à Llandaff ». Willis, *Survey of cathedrals*, vol. II, p. 334, dans la description de la cathédrale d'Ely. — L'expression *compass-roofed* s'explique par cette circonstance, que les contrefiches de la charpente sont recourbées de manière à former une sorte d'arcade. La même disposition se remarque dans la nef de l'église abbatiale de Romsey. V. Britton, *Antiq. architect.*, vol. V. — Plusieurs combles de ce genre sont lambrissés de panneaux, p. ex. dans le chœur de la chapelle du collége de Merton, etc. V. Viollet-Leduc, v° *Charpente*, etc.

CHASSE, *écrin* (**Shrine**, du lat. *Scrinium*). Férétoire (v. ce mot), reliquaire, coffret destiné à conserver les reliques des saints. On donnait généralement aux châsses la forme de petites églises, surmontées d'un toit à pignon ; on y employait les matériaux les plus riches et les plus précieux ; on les couvrait de joyaux de toute espèce. Il existe des descriptions détaillées de quelques-unes des châsses les plus somptueuses encore existantes, p. ex. celles de St-Cuthbert, à Durham. La plus intacte de toute l'Angleterre est celle d'Edouard-le-Confesseur, à l'abbaye de Westminster. V. Parker, v° *Shrine*.

CHATEAU **Castle**). 1. Citadelle ou maison fortifiée. 2. Bâtiment contenant le réservoir d'une fontaine ou d'un aqueduc. (On dit proprement, en français, *château d'eau*). Leland, dans sa description de Lincoln, *Itin.*, vol. I, p. 34, cite « *le nouveau château de l'aqueduc, à Wikerford ;* » dans un second passage, il est question d'un autre « *nouveau château d'aqueduc.* » Chez les anciens Romains, un *castellum* était un réservoir de fontaine ou d'aqueduc ; outre les *castella* d'où partaient les canaux servant à distribuer l'eau dans les divers quartiers d'une ville, il y avait des *castella privata* (réservoirs bâtis aux frais d'un certain nombre de particuliers vivant dans le même quartier et ayant obtenu une concession d'eau du conduit public) et des *castella domestica*, citernes que chacun construisait sur sa propriété pour recevoir l'eau qui lui était concédée, etc. (ANTONY RICH. *Dict. des antiquités romaines, etc.*, v° *Castellum*). N. B. Le château (*castelle*) désigné par Leland n'est pas une tour, mais ressemble plutôt à une petite chapelle.

CHÉNEAU, *chenal, chenai, échenai*. « C'est le nom que l'on donne à un conduit en pierre, en terre cuite, en bois ou en métal, qui, recevant les eaux d'un comble, les dirige, par des pentes douces, vers des issues ménagées dans la construction des édifices » (VIOLLET-LEDUC). Le mot anglais **Cullis**, **Coulisse** ou **Killesse** (Litt. *Coulisse*, rainure) s'employait pour désigner la gouttière ou le chéneau d'un toit. Dans la description qui fut faite en 1649 du palais de Richmond avant sa mise en vente et sa démolition, nous lisons : « un grenier de quatre *baies* (v. ce mot) bien couvert en tuiles et *coulissé* (KILLESED) des deux côtés et à l'une de ses extrémités », ce qui veut dire que le toit était garni de parapets et de chenaux sur trois côtés de sa base. V. PORTE-COULISSE.

CHEVET (**Chevet**), terme français désignant l'extrémité d'une église, derrière le maître-autel. (*Chevet*, fr. » *a bolster for the head*, » coussin pour la tête. COTGRAVE). « Le chevet des églises a pris diverses formes. La première était sémi-circulaire. On voit des églises romanes et des églises gothiques dont l'extrémité est rectiligne (*chevet plat*). Autre part, c'est la chapelle centrale, tenant lieu de l'ancien *abside*, qui se termine ainsi ; quelques églises sont privées de cette chapelle. » (SCHMIT). En général, les grandes églises de France se terminent du côté de l'Orient par une abside semi-circulaire ou polygonale ; c'est ce qu'on appelle communément *chevet* ou *rond-point*. C'est le rév. G. D. Whittington, dans son *Histor. Survey of the Eccles. Antiq. of France*, 1807, qui a le premier, en Angleterre, employé le mot *chevet*. V. 40, 87, 108, 109, etc. N. B. M. Viollet-Leduc définit le chevet « la *partie extrême* de l'abside. »

CHEVRON (Cheveron). « Pièce de charpente du comble (v. YARD) qui se pose sur les pannes parallèlement à l'arbalétrier de la ferme, pour recevoir le lattis. L'assemblage des deux chevrons opposés forme un angle égal à celui du toit. On appelle communément *chevron* toute figure qu'il représente et qui est formée de deux pièces égales. — Le chevron est un des ornements géométriques que l'architecture romane a le plus répandus sur les faces de ses grandes archivoltes. Quelquefois elle oppose deux chevrons l'un à l'autre. Le membre est dit alors contre-chevronné. — Les chevrons sont formés d'une seule, de deux, de trois frettes, bandes ou baguettes en relief, et ne doivent point se confondre avec les zigzags, qui se composent de plusieurs moulures différentes parallèles. — Le chevron contre-chevronné diffère aussi du *losange* ou *rhombe*, en ce que les deux bandes ne se confondent jamais, et sont même quelquefois séparées par un filet » (SCHMIT, p. 318), v. ZIGZAG.

N. B. Cette notice de M. Schmit a obtenu place ici, comme étant plus précise que la note de la page 15 des

Antiq. archit. de la Normandie, où il est aussi question
du chevron et du zigzag.

CHICOT (**Stump**). Les paysans appliquent ce nom
grotesque à la haute flèche de Boston (*Boston* STUMP),
probablement parce que le sommet de la lanterne paraît
tronqué, vu à distance. — *Stump* se dit d'un pilier,
d'un fût dont la partie supérieure a été brisée.

CIEL (**Tester** ou **teston**). Espèce de dais (v. ce mot)
au-dessus d'un lit, d'un trône, d'un tombeau ; se dit
surtout, dans ce dernier cas, d'un dais plat, comme on
en voit surmontant quelques anciens monuments royaux,
à Westminster. Selon Ducange (v° TESTERIUM), l'ital.
Testiera s'appliquerait à la *tête*, c'est-à-dire à la partie
du lit où l'on place le coussin (*chevet*), et non au ciel
du lit (*celura*, ibid.) ; peut-être l'a-t-on entendu ainsi
autrefois ; mais il se peut aussi que le *teston* ait été le
rideau ou la draperie suspendus au *sparver*, dont nous
allons parler, tandis que la *celura* était proprement le
plafond horizontal (PARKER). — Quant au **Sperver**,
Sperware ou **Sparver**, on trouve à la page 148 de
l'*History of Hawsted and Hardwick*, *Suffolk*, par le
Rév. sir John Cullum, bar^t, 2e éd., 1813, in-4°, une
note ainsi conçue : « le *sparver* paraît avoir été le châssis
avec pentes qui se place au-dessus d'un lit et porte les
tringles auxquelles on suspend les rideaux ; quelquefois
on entendait par là le ciel du lit tout entier (*tester*). » —
Dans un inventaire de fournitures, daté de la 30e année
du règne de Henry VIII, il est question d'un *sparver* de
serge verte et noire, avec les courtines de même (v. *Horda
angel cynnan*, III, p. 66, 7). Un autre inventaire de
1606 mentionne un *sparver* lambrissé. — L'expression

Esp'ver per le corps de n're Seign'r (*Royal wills*, p. 31)
s'applique à une sorte de dais, que l'on élevait le ven-
dredi-saint au-dessus du tombeau de Notre-Seigneur,
quand on y avait déposé l'hostie consacrée, c'est-à-dire
le corps de Jésus-Christ (V. *Hist. of Norf.*, vol. I, p.
517, 518). » Ce dais, dont il vient d'être question en
dernier lieu, devait être un baldaquin, destiné à être
porté au-dessus du St-Sacrement, à la procession de la
Fête-Dieu. — « Et jusqu'à l'autre aile, il y aura, courant
d'outre en outre, un crénelage... » (SPERWARE *enbattaile-
ment*). *Contr. pour l'église de Fotheringhay.* MONAST. III.
— *N. B.* Que vient faire ce *sperware* à propos d'un
crénelage ? Dans le même contrat, on stipule qu'il y
aura un crénelage carré (*square*) à la *claire-voie*, au
porche, au *clocher*, tous de la même forme que le premier. SQUARE ne serait-il pas une transcription fautive ?
Le MS original ne portait-il pas SPV̄ARE, abréviation de
SPERWARE ? Mais en ce cas, encore une fois, que peut
signifier *sperware enbattaillement ?*

CLAIRE-VOIE, *Clerestorium* (**Clerestory**). Se dit
de l'étage supérieur d'une tour, d'une église ou d'un
autre édifice, et aussi d'une balustrade, d'un écran (v.
ce mot) découpé à jour. On lit dans les *Antiq. archit.
de la Normandie*, p. 15, à la suite d'observations sur le
triforium (V. ce mot) des anciennes églises normandes :
« Au-dessus du *triforium* s'ouvre une rangée de fenêtres
appelée *l'étage à jours* (*Clerestory*) le plus souvent sans
piliers et sans ornements, et dont les ouvertures, extérieurement étroites, s'élargissent en pénétrant à l'intérieur. » Les fenêtres de la claire-voie (**Clerestorial-
windows**) d'une église, d'une tour, etc. sont, comme
on voit, les fenêtres supérieures. Les termes anglais

cités se trouvent dans les contrats pour la construction de l'église de Fotheringhay : *Monast. Angl.*, vol. III ; dans l'Ordonnance du roi Henry VI, etc. — On disait aussi **Overstory** (étage supérieur) « Le owyrhistorye. » *W. de Worcester*, 78, 89, etc.

CLOCHER (**Steeple**). Tour renfermant des cloches, couronnée d'une flèche, de pinacles, d'une lanterne, etc., ou simplement tour. De là, dans les anciennes notices, les tours d'églises sont nommées tantôt *tower-steeple* (litt. *clocher-tour*) tantôt *spire-steeple* (clocher-flèche) et *rood-steeple* (clocher-croix, c'est-à-dire élevé au-dessus de la croisée, *clocher-central*; v. TOUR CENTRALE). — V. le contrat pour l'église de Fotheringhay. **Stepyll**, *Campanile*. MS. M. — V. BEFFROI. Cf. VIOLLET-LEDUC, Vᵒ *Clocher*.

CLOISON (**Per-close, par-close** ou *paraclose*). Mur de séparation, peu épais. « *Item*, il est convenu que les charpentiers confectionneront et installeront avec soin et en ouvriers habiles, une cloison (*par-close*) en bois autour du buffet d'orgues qui doit être placé au dessus de la porte occidentale de la dite chapelle, conformément au modèle.» *Record of Beauchamp Chapel, Warwick.*—N. B. Cettte cloison et l'orgue qu'elle renfermait n'existent plus depuis longtemps. sauf la partie inférieure. *Architectural Antiquities*, IV. — Le mot *par-close*, en français, s'applique spécialement à l'espèce d'enceinte que forme chaque stalle (BERTY).

COIN (**Coin** ou **Quoin**). Angle saillant d'un édifice. M. Otte attribue aussi à ce mot (*coillon*) *coin*, *coyning*, *quoin*) le sens de *machicoulis*. — Le mot **Scutcheon**,

scownsion, *escocheon* est quelquefois synonyme de *coin* ;
mais il désigne plus spécialement un angle obtus (V.
Parker). « Et le dit clocher, parvenu à la hauteur de
la dite baie, changera de forme et aura VII pans, et à
chaque angle (*scouchon*) il y aura un contre-fort »
(*Contr. for Fotheringhay Church* ; *Monasticon*, III).
N. B. Cette tour est à deux étages quadrangulaires,
surmontés d'une lanterne ou claire-voie octogonale,
avec des contre-forts et des pinacles aux angles. V.
Écusson.

COLONNE (**Column**). Ce terme est moderne dans
la langue anglaise. Leland l'emploie sous sa forme latine ; mais en général, il préfère le mot *pillar* (pilier)
qui répond mieux à l'idée qu'on doit se faire d'un massif
composé de plusieurs colonnettes formant faisceau,
comme on en voit dans nos cathédrales. Le mot *colonne*
ne s'applique proprement qu'à un simple cylindre, selon
le type des ordres grecs. « Nous pouvons prendre *colonne* pour synonyme de *pilier*, dit Sir Henry Wotton
(*Elements of Architecture*) ; parce que les hommes de
l'art eux-mêmes emploient indifféremment l'un pour
l'autre. » V. Pilier.

COMBLE A PIGNON (**Gable-roof**). Se dit d'une toiture dont la charpente est visible jusqu'aux chevrons,
n'étant cachée ni par un plafond ni par une voûte. « Le
grand transsept (*cross-isle*) a un comble à pignon mon-
trant l'inclinaison des pans du toit, et dont les poutres
et les chevrons sont couverts de peintures » Willis,
Survey of cathedrals, vol. II, p. 333. — M. Otte (p. 44)
définit le comble à pignon (Giebeldach, *gable-roof*)
« un toit en forme de selle, dont le pignon fait façade,

comme on peut le voir aux tours de beaucoup de petites
églises, particulièrement dans le nord de l'Allemagne.
La toiture des bas-côtés des églises se compose souvent
d'autant de combles à pignon qu'il y a de travées. »

CONSOLE (**Bracket**, du latin, *brachium*, ital. *brac-
cietto*, bras d'un homme, rameau d'un arbre). Support
incrusté dans un parement pour soutenir une statue
ou un autre ornement en saillie, ou encore pour
porter une partie de la charpente des combles. Les
vieux auteurs anglais se servent quelquefois du terme
perch, **perk** ou **pearch** (Lat. *pertica*) pour désigner
une console ou un *corbeau* (v. ce mot). *Pearcher* est
l'ancien nom du grand cierge qu'on place dans le chœur
des églises, lors de certaines cérémonies. — Le mot
console vient peut-être de consolider (LITTRÉ).

CONTRE-FORT (**Buttress**, **Boterasse**, **Boterace**).
Pilier adossé à un mur pour le fortifier. (« Renfort de
la maçonnerie élevé au droit d'une charge ou d'une
poussée. » (VIOLLET-LEDUC). William de Worcester
distingue « le contre-fort de surface et le contre-fort
d'angle. » *Itinerarium*, 269. V. LUBKE, vol. V, ch. 3,
et surtout VIOLLET-LEDUC, v. *Construction* et *Contre-
fort*; HOFFSTADT, p. 223 et suiv. de la trad. française.

CORBEAU (**Corbel**, **Corbett**, **Corbetell**). Console.
La dérivation de ce terme est douteuse; mais la signification en est bien connue. Un *corbeau* est un « support
de pierre ou de bois formant saillie sur le parement
d'un mur, ayant sa face antérieure moulurée ou sculptée,
présentant ses deux faces latérales droites, et recevant,

soit une tablette de corniche, soit un bandeau, ou encore une naissance de voûte, une pile en encorbellement, ou encore un linteau de porte, une pile-maîtresse, etc. » (Viollet-Leduc). Chaucer mentionne expressément les » corbeaux et imageries » parmi les ornements architectoniques du *Temple de la Renommée* (The House of Fame). B. iii.—V. les *Antiq. archit. de la Normandie*, p. 16.—M. Wilson rapproche du mot *Corbeau* le français *Corbeille*, panier d'osier. Quoi qu'il en soit, rappelons en passant que *Corbeille*, en architecture, se dit de « la forme génératrice du chapiteau, autour de laquelle se groupent les ornements, feuillages ou figures qui le décorent. La corbeille repose, à sa partie inférieure, sur l'astragale, et est surmontée du tailloir ou abaque » (Viollet-Leduc). — On appelait **Corbel-table** le crénelage, le parapet ou la corniche reposant sur une rangée de *corbeaux*. Le fondateur du Collége du Roi, à Cambridge, ordonna la construction « d'une forte tour carrée, de 120 pieds de hauteur jusqu'à la corniche (*Corbyl-table*). » Le cloître du même Collége devait avoir « vingt pieds d'élévation jusque la corniche (*Corbill-table*). » *Will of Henry VI* ; Nichols, *ut sup.*, p. 303).

CORDON. « Moulure composée d'un seul membre, qui règne horizontalement sur un mur vertical. On ne trouve de cordons que dans l'architecture romaine : car, dans l'architecture gothique, toutes les assises horizontales formant saillie ont toujours une signification réelle et indiquent un sol, une arase « (Viollet-Leduc). Le vieux terme anglais **Ledgement, lidgements**, s'applique à tout cordon principal de pierres ou à toute moulure courant horizontalement.

CORNICHE (**Cornish** ou **Cornice** : la première de
ces deux formes était autrefois la plus usitée). Le
membre supérieur de l'entablement ; toute saillie à
profils qui couronne, qui recouvre, ou est censée protéger un corps vertical, comme un piédestal, un contre-fort, un pilier (SCHMIT). Sur la différence de la corniche du moyen-âge et de la corniche antique, V. le
Dict. de M. VIOLLET-LEDUC, t. IV. (V° *Corniche*). —
Du lat. *Coronis*.

COULOIR (**Enterclose**). Passage conduisant d'un
appartement à l'autre ; passage entre deux murs (*Enterclose walls*), allée (v. ce mot ; Cf. OTTE, p. 214).
Enterclose se trouve dans W. de Worcester. Le même
auteur appelle **Slyp** un passage étroit entre deux bâtiments (*Itin.* 192, etc.) Une ruelle de ce nom longe la
cathédrale de Winchester, du côté méridional.

COUR (**Court**). V. BASSE-COUR.

COUVREURS (**Tyle-thakkers**). V. COUVRIR. Ouvriers
dont l'occupation consiste à couvrir les toits de tuiles.
Ils formaient un *métier* distinct dans les villes où il y
avait des corporations. V. le *Gentl. mag.* de 1784 :
« Solennités de la Fête-Dieu expliquées. » — N. B. Les
tuiles destinées à couvrir les toits s'appelaient **Thack-
tiles** (*Glossographia-Anglicana*). *Thatch* ou *Thack*
signifiait en général *couvrir* (**Thakke**. *Tegmen, tectura.*
Ms. M.) » Katherine Sinclair, femme de William, premier lord Seton, bâtit une aile, du côté S. de l'église
paroissiale de Seton, de fins moëllons (*estlar*), voûtée
(*pendit*) et couverte (*theikit*) en pierre. » (GROSE,
Antiq. of Scotland, vol. I).

COUVRIR, *couvrir de tuiles* (**Heil**). Wat Tyler, le fameux rebelle du XIVᵉ siècle, est souvent appelé *Wat the Heiler*, parce qu'il exerçait le métier de *couvreur.* — Les cloîtres du couvent, dont la magnificence scandalisa le lollard Piers Plowman, étaient « tout couverts de plomb, jusqu'à la base des combles » (*Al yhyled with lede, low to the stones*). *P. Plowman's Crede.*

CRÉNEAU (**Crenelle**, **Kernell**, vraisemblablement une corruption du mot précédent; lat. *Crena*). » Aujourd'hui on ne désigne par le mot *créneau* que les vides pratiqués dans un parapet pour permettre aux défenseurs des murailles de voir les assaillants et de leur lancer des projectiles. Mais au moyen-âge, on entendait par créneau toute ouverture pratiquée au sommet d'une tour ou d'une courtine, couverte ou découverte, et qui servait à la défense. — Les intervalles pleins laissés entre les créneaux sont les *merlons* » (Viollet-Leduc). Ducange fait venir *créneau* (*quernal, aquarniau, carnel, créniau*) *quarnellus, quadranellus*, couverture ou entaille de forme carrée : « *ubicunque patent quarnelli sive fenestræ.* » Lorsque le grand nombre de châteaux mis en état de défense parut menaçant pour la sécurité de l'État, les souverains anglais se réservèrent d'octroyer aux sujets bien intentionnés l'autorisation de *créneler* (*Kernellate* [Crenellate], *embattle*) et de *fortifier* leurs demeures féodales : privilége considérable, dans un temps où les habitudes militaires étaient générales pour ainsi dire, et où des guerres privées éclataient à chaque instant. On attachait une si haute importance à l'espèce de fortifications dont il s'agit, qu'il n'y a pas d'exemple d'une seule maison *crénelée* sans la permission royale, antérieurement au règne de Henry VIII, et qu'après les guerres civiles, un grand nombre d'anciens castels et de grandes maisons de la noblesse se virent dépouiller de leurs créneaux par ordonnance du Parlement. V. *Accounts of Wressil Castle, Yorkshire,* dans les *Antiq.* de Grose ; *Gough's Camden* ; *Beauties of England* ; *W. de Worcester*, 258, etc. Dans beaucoup d'exemples, au reste, les créneaux ont servi d'ornement plutôt que de défense.

CRÉNELAGE (**Battlement**). Parapet dentelé, au sommet d'un édifice, et percé de machicoulis ou d'embrasures (**Crenelles**) pour tirer sur l'ennemi. Les *battlements* (anc. *batelments*) des constructions anglaises correspondant aux *créneaux, bretesses, merlots, carneaux*, de l'architecture française du moyen-âge. V. Sherwood, *Additions à Cotgrave* ; et ci-dessus vᵒ Créneau.

CRÉNELAGE RESSAUTANT. On désigne ainsi la série de gradins ou de marches d'escalier qui s'élèvent sur les remparts, des deux côtés d'un pignon : les vieilles maisons de la Belgique en offrent de nombreux exemples. En Ecosse, les gradins des anciens pignons portent encore aujourd'hui le nom de **Corbie-Steps**, par allusion aux *corbeaux* ou corneilles qui vont fréquemment s'installer sur cette espèce de perchoirs.

CRÉNELÉ (**Crenellated**). Se dit d'un édifice dont le parapet ou le couronnement est découpé en créneaux (*crenelles*). — Cf. le *Dict.* d'Antony Rich, vᵒ *Pinna*.

CRÊTE (**Crest**). « Ornement (*imageries*), ouvrage de sculpture décorant le couronnement d'un comble,

le bord supérieur d'une corniche moderne , etc. Ce mot
(Crest , CRISTA , cimier) est aujourd'hui adopté par les
hérauts d'armes , et s'applique à la pièce la plus élevée
des armoiries. « *Glossographia anglicana.*— Les parties
hautes d'un crénelage portaient le même nom, ainsi que
les couronnements des gables et des pinacles. V. MEUR-
TRIÈRE ; cf. COWEL, KENNET, etc. — « Et au sommet du
dit couvercle, d'un bout à l'autre, une crète (*brattishing*),
très-finement sculptée , représentant des dragons, des
oiseaux et des bêtes fauves, travaillés avec un grand
artifice et réjouissant le regard du spectateur... » *Des
cription du riche reliquaire de St-Cuthbert à Durham*
(Ancient Rites and monuments of Durham , in-12).
Ce **Brattishing** était évidemment une dentelure percée
à jour et courant le long de l'arète supérieure du couvercle. — Littéralement , *Brattishing* est-il synonyme
de *Bretasyng* (V. BRETÈCHE)? Cf. OTTE , *Archaeol.
Wörterb* , p. 205. — **Sencreste**, **sincreste** , terme
encore inexpliqué (on le rencontre dans les *devis* pour
la construction de la chapelle de St-Étienne), s'applique
probablement aussi à une crète de forme particulière.
Autre point d'interrogation.

CROCHET , **Crocket, Crochet, Crotchet** (*croc, crosse,*
bas lat. *crocus,* d'où l'anglais mod. *crook,* crochet,
houlette). « Ornement terminé par des têtes de feuillages,
par des bourgeons enroulés, etc. Les crochets se voient
dans les frises. dans les chapiteaux, sur les rampants
des gables ou pignons, dans les gorges des archivoltes
entre les colonnettes réunies en faisceaux » (VIOLLET-
LEDUC). On distinguait deux variétés de *crochets:* ou la
feuille se retournait sur elle-même, inclinant sa courbe
vers la terre , ou, au lieu de s'envelopper pour ainsi dire,

elle se retournait et relevait sa pointe. Les gables et les clochetons de l'extrémité orientale de la cathédrale de Lincoln nous offrent quelques uns des plus beaux spécimens du premier genre ; les plus anciens modèles du second se trouvent sur les croix de la reine Éléonore. La diversité des feuillages sculptés en crochets est vraiment surprenante. Dans quelques édifices de style relativement récent, des animaux rampants y remplacent les végétaux, par exemple à la chapelle de Henri VII, sur les pignons de la grande salle de Hampton Court, etc. « Ainsi (payé) pour 54 pieds de crochets *(crockytts)* à 2 *d.* le pied » (*Account of Louth Steeple*). « Avec des *crochets* aux angles » (*Piers Plowman's Crede*). — M. Britton, dans sa notice sur la chapelle du collége du roi, à Cambridge (*Arch. antiq.*, vol. I) a appliqué heureusement le terme **purfled** (litt. orné de broderies ou de festons) aux pinacles dont les arêtes sont chargées de boutons ou nœuds, de crochets, de feuillages, etc. «Chaque contre-fort porte un pinacle festonné *(purfled)*, ou une petite flèche ornée de fleurs. »

CRYPTE (**Croude**). Chapelle ou église souterraine. Celle qui était pratiquée sous le vieux St-Paul, à Londres, était communément appelée « *the croude*, » corruption évidente de *Crypte*. V. l'*Itin.* de WM. DE WORCESTER, p. 201. — N. B. On trouve dans les auteurs français *crute*, *croute*, *grotte* (VIOLLET-LEDUC) ; l'étymologie κρύπτω n'a pas besoin de justification.

CYBORIUM, ciborium, cibarium, civarium, cyburium, etc. Edicule recouvrant un autel. Depuis le XVe siècle, le terme *baldaquin* a prévalu. Gervais (de Cantorbéry) appelle *ciborium* un compartiment de voûte ; en Auvergne, selon Ducange, *cibory* se dit d'un tombeau voûté. (PARKER.) — Le vieux terme anglais **Severey** paraît venir de *cyborium* ; les modernes le traduisent par *baie* (BAY), dans le sens de division, partie distincte d'un édifice (V. BAIE, TRAVÉE). Les contrats concernant les voûtes de la chapelle du Collége du Roi, à Cambridge, mesurent par tant de *severys* l'étendue des constructions à exécuter et fixent le prix à payer pour chaque *severy* ; les échafaudages sont divisés ou comptés de la même manière. V. WALPOLE, *Anecdotes of painting* (avec un *appendice*); *Arch. antiq.* vol. 1 ; DUGDALE, *Obs. on English Architecture*, p. 181. W. de WORCESTER, dans sa description des cloîtres de la cathédrale de Norwich, cite LE CIVERT et LES CIVERYS (*Itin.* 302). V. PARKER, vº *Severey*.

DAIS (**Dais, days** ou **des.**) Vieux fr. *dois.* « Plateforme ou estrade au haut bout des anciennes salles à manger, où était la table haute ; siége élevé sur une haute boiserie et quelquefois surmonté d'un ciel, pavillon ou baldaquin, pour les convives qui avaient place à la table d'honneur. Ce terme, dont l'origine est incertaine, a été l'objet de nombreuses discussions. (V. WARTON, ELLIS, RITSON, SIBBALD et d'autres commentateurs des anciens poètes). Il était encore en usage au temps de Henry VIII : on le trouve dans la ballade de Skelton intitulé : *Elinor Rumming.* Ainsi s'exprime M. WILLSON. — M. DIEZ (*Wörterb. der roman Spr.*), d'après lui M. Otte et enfin M. Littré proposent une étymologie. « Le sens primitif, dit M. Littré, est table à manger, comme le prouvent les anciens exemples et cette phrase de Mathieu Paris : *Priore prandente ad magnam mensam quam* DAIS *vocamus.* Il vient donc de *discus*, table à manger. Comme la place où l'on posait le *dais* était élevée quand il s'agissait de grands personnages, *dais* a pris le sens d'estrade ; enfin, l'estrade étant garnie de tentures, on en est venu au sens d'aujourd'hui. » En architecture, les modernes appellent DAIS (*canopy*) un ouvrage saillant, de pierre, de bois, de métal, etc., plus ou moins orné de sculptures, et placé au-dessus d'une statue, d'un tombeau, d'une chaire à prêcher (*abat-voix*) ou d'un autel (*CIBORIUM* ou *baldaquin*). V. VIOLLET-LEDUC et surtout SCHMIT, v° *dais*. — Les dais qui surmontent les statues de Richard II et de la reine Anne sont appelés **Hovels** ou *Tabernacles*, dans les contrats publiés par RYMER, t. VII, p. 798. N. B. GOUGH leur a improprement appliqué le nom de *Pediments* (frontons). *Sepulchr. mon.*, vol. II, p. 163. V. TABERNACLE, NICHE.

DEAMBULATORIUM. V. AMBULATORIUM. Cf. l'ordonnance (WILL) du roi Henry VII, etc.

DEGRÉS, *marches d'escalier* (**Grecs**, et par corruption *gresc, gryse, greece, greces, grsssys*, du latin *gressus*). V. L'*Itin.* de W. DE WORCESTER, p. 175, 176. L'ordonnance de Henry VI (description du Collége projeté d'Eton), dit : « Item. j'ai résolu et réglé qu'il y aurait sept degrés (*grece*) devant le maître-autel, de ceux appelés *gradus chori*. » Recueil de NICHOLS, p. 297. L'*escalier grec* (*Grecian stairs*), rampe de pierre par où l'on monte dans le clos de la Cathédrale de Lincoln, est ainsi nommée par suite d'une altération du terme qui vient d'être expliqué.

DÉPENSE. « Pièce du département de la bouche, où l'on serre les provisions de chaque jour et les restes des viandes » (DAVILER). Dans les comtés du Nord de l'Angleterre, on appelle **Spence** (en quelque sorte *dispensaire*, paneterie) l'appartement où la famille d'un fermier se tient d'habitude et prend ses repas. (V. MAISON.)

DIAPRÉ (**Diaper,** *diaper-work*, *diapering*). Se dit de tout panneau dont la surface plate est *entièrement* couverte de fleurs ou d'autres ornements semblables, soit en relief, soit en peinture ou dorure. Les cottes d'armes étaient ordinairement diaprées (*diapered*), c'est-à-dire aux couleurs de telle ou telle famille. — *Diapré* vient de DIASPRUS, en italien *diaspro*, jaspe, pierre veinée ; Cf. DIEZ, *Wörterbuch der roman. Spr.*, p. 123. — Le contraire de *diapering* est *powdering*, qui se dit d'un dessin *moucheté*, dont les ornements sont *isolés* et disposés dans un ordre symétrique (OTTE, *Archæol. Wörterb.*, p. 212).

DONJON (**Dungeon** ou **Dongeon**) *dongun*, *doignon*, *dangon* (*dongier* ou *doingier*, en vieux français, veut dire *domination, puissance*). » Le donjon, dit M. VIOLLET-LEDUC, appartient essentiellement à la féodalité. Ce n'est pas le *castellum* romain, ce n'est pas non plus le *retrait*, la dernière défense de la citadelle des premiers temps du moyen âge. Le donjon commande les défenses du château, mais il commande aussi les dehors et est indépendant de l'enceinte de la forteresse du moyen-âge, en ce qu'il possède toujours une issue particulière sur la campagne. C'est là ce qui caractérise essentiellement le donjon, et ce qui le distingue d'une tour. Il n'y a pas de château féodal sans donjon, comme il n'y avait pas, autrefois, de ville forte sans château et comme de nos jours, il n'y a pas de place de guerre sans citadelle. Toute bonne citadelle doit commander la ville et rester cependant indépendante de ses défenses. » Selon M. Willson, le nom du *donjon* (aujourd'hui *keep*), tour principale d'un château, viendrait du vieil anglais ou saxon *dun* ou *dune*, colline, parce que la plus forte tour des anciens castels se dressait ordinairement sur une hauteur ; par exemple, à Lincoln, à Tunbridge, à York, à Carisbrook, etc. — Les amateurs de conjectures étymologiques pourront consulter le *Dictionnaire français* de M. Littré ; mais il est bon de les prévenir que le savant linguiste est lui-même dans l'incertitude.

DORSAL , lat. *dorsale* (**Dosel** ou **Doser**, *dosser*, *dosser*, *dorsal*). Tapisserie d'étoffe riche , ou écran en bois ornementé , s'étalant derrière un siége d'apparat. « Il y avait des *dorsaux* (*dosers*) au-dessus des dais » (Passage d'un poëme du XIIIe siècle, cité dans l'*Histoire de la poésie anglaise* de Warton , vol. II, p. 231).

DORTOIR *Dortoire, dormitoire* (**Dorter**) , lat. *Dormitorium*, salle commune où sont les lits, dans un monastère, etc.

DOS D'ANE (**Dos d'Ane**). « Ce mot se dit de tout corps qui a deux surfaces inclinées qui terminent à une ligne, comme un faux-comble. Lat. *Angulatus* » (Daviler). Un toit à double rampant est en *dos d'âne*. Un grand nombre d'anciens sarcophages en marbre affectent cette forme ; par exemple, celui du roi Guillaume-le-Roux, dans la cathédrale de Winchester, etc. V. l'*Histoire* de cette église par Britton , etc., pl. XIII.

DOSSERET (**Respond, respounder, respound**). On appelle en général *dosseret* un bout de mur en retour d'équerre sur un autre, portant un linteau de porte ou un arc ; en d'autres termes, un pilastre servant de pié-droit à une baie quelconque. C'est ainsi que certains archéologues français ont pu donner le nom de *dosserets* « à ces contre-forts souvent munis d'une colonne, et qu'on voit fréquemment appliqués aux murailles des églises, immédiatement au-dessous de l'endroit où naissent les arcs-boutants qui les contrebutent » (BERTY, v° *Dosseret*). Le terme anglais *respond* désigne propre-ment un dosseret, pilastre ou demi-pilier adossé à un mur, et *répondant* à un autre semblable, ou à un pilier ordinaire placé à l'opposite. — La nef et les bas-côtés de l'église de Fotheringhay durent avoir dix gros piliers et quatre dosserets (*respounds*). *Monasticon*, III. Le royal fondateur décrète » que le dit chœur doit avoir en largeur d'un côté à l'autre, entre les dosserets (*res-pondes*), 22 pieds. » — « *Item*, j'ai résolu et décidé que la nef de la dite église aurait en largeur, d'un côté à l'autre, entre les dosserets (*respounders*), 32 pieds. » — « *Item*, j'ai résolu et décidé que l'aile de l'autre côté de la grande nef, aurait une largeur de 15 pieds, de dosseret (*respond*) à dosseret » *Will of Henry VI*, dans le recueil de NICHOLS, p. 295-297, où le terme *respond* est inexactement interprété par « murailles parallèles ou parois latérales correspondantes). » V. PARKER, v° *Res-pond*. — Cf. **Responde**, *responsorium*. Ms. M.

DOUCINE (**Ressaunt, ressant**), CIMA RECTA, *gueule droite* (V. OGIVE). Moulure concave par le haut, con-vexe par le bas, servant ordinairement de *cimaise* à une corniche délicate (DAVILER). Le terme anglais *ressaunt*

est employé par William de Worcester, dans l'énumé
ration des moulures du portail N. de l'église St-Étienne
à Bristol, œuvre de « *Benet le freemason* » (le franc-
maçon). *Itin.*, p. 220. Les glossaires n'expliquent pas
ce mot ; mais il ne paraît pas douteux qu'il ne se rapporte à la moulure dite ogive (*ogee*) ; on peut alors le
faire dériver du vieux verbe français *ressentir* ; il désigne
un *retour*, en opposition avec une *courbure concave*
(*flexure*). Le même document parle d'une doucine
double (A DOUBLE RESSAUNT), c'est-à-dire d'une ogive
double, moulure commune à cette époque (1480).
Dans la curieuse description que W. de Worcester a
aussi donnée de la porte O. de l'église de Redcliffe, on
trouve A DOUBLE RESSAUNT WITH A FYLET, et A RESSAUNT
LORYMER (*Itin.*, p. 269). Ce dernier mot indique que le
bord extérieur de l'ogive ou de la doucine dont il s'agit
était creusé en forme de gouttière ou de *larmier* (V. ce
mot).

ÉCHAUGUETTE. M. OTTE traduit par ÉCHAUGUETTE
(*Wartthurm*) le vieux terme anglais **Bartizan.** L'échauguette (*eschauguette, escharyaite, escargaite, eschelgaite,
esgaritte, garite*) était primitivement la *sentinelle*, ou la
garde, le *poste* ; pendant les XIVᵉ, XVᵉ et XVIᵉ siècles,
on désigna sous ce nom les petites loges (*guérites*), destinées aux factionnaires, sur les tours et les courtines
(VIOLLET-LEDUC). Elles furent d'abord construites en
bois et non permanentes, comme les *hourds ;* ensuite
on les établit en maçonnerie, en forme de petits pavillons
carrés ou cylindriques couronnant les angles des défenses principales (dans le voisinage des portes, au
sommet des donjons, etc.) Les unes servaient uniquement à la surveillance ; les autres étaient en même

temps des ouvrages de flanquement. (*Id.*) M. Otte fait dériver *échauguette* de l'allemand *Schaarwacht*, d'après M. Diez (*Wörterb. der roman. Spr.*, p. 612). V. BRETÈCHE.

ÉCRAN. C'est M. Mérimée qui a naturalisé en France cette traduction du mot anglais **Screen**. L'*écran* est une sorte de cloison en pierre, en bois ou même en métal, généralement fort ornée et percée dans sa partie supérieure d'arcatures à jour. Les écrans servent à séparer un chœur d'une nef, une chapelle latérale d'un bas-côté, les croisillons ou extrémités d'un transsept, de la croisée ou partie centrale, etc. Il ne faut pas toutefois confondre un écran avec un *jubé* : un écran ne peut s'appeler *jubé*, que lorsqu'il est placé à l'entrée du chœur, et surmonté d'une galerie découverte (le mot anglais *screen* s'entend aussi des clôtures du chœur). V. BERTY, v° *Ecran*. — On appelait aussi jadis « THE SCREENS » le passage (**Spure**, *spere*) ouvert derrière l'écran (ou cloison) qui se trouvait à l'entrée des grandes salles de repas.

ÉCUELLERIE, *escuellerie* (**Squillery** ou plus ordinairement *Scullery*). Annexe d'une cuisine ; pièce où l'on dépose les marmites et les casseroles.

ÉCUSSON (**Scutcheon, Escocheon**). Ecu sculpté ou peint (V. les *Records of Beauchamp Chapel*) portant des armoiries ; plaque de porte, au centre de laquelle on suspend le marteau ; plaque de la serrure ; plaque sculptée (cul-de-lampe) à l'intersection des nervures d'une voûte (l'*œil* de la voûte porte quelquefois le même nom ; V. LANTERNE), etc. Cf. COIN. — Dans les états des frais de construction de la chapelle de St-Etienne, il est question de **Scutables** pour la galerie (*alura* ; V. ALLÉE). S'agit-il d'écussons armoriés placés au front de cette galerie ? — *Table* s'emploie dans le sens de surface plane, en général. — ?? (V. ce mot).

EMBRASURE, *ébrasement* (**Embrasure**). « Élargissement qu'on fait au dedans d'une porte ou d'une croisée, depuis la feuillure jusqu'au parpaing, pour faciliter la lumière et l'ouverture des guichets. On fait quelquefois des *embrasures* en dehors quand le mur est fort épais et la baie petite. » (DAVILER). — Les créneaux s'appellent aussi *embrasures* ; c'est dans l'architecture militaire que ce terme est le plus ordinairement employé. — V. CRÉNEAU, MEURTRIÈRE, et le *Dict.* de M. VIOLLET-LEDUC, v° *Embrasure.*

ENCORBELLEMENT (Fenètre en), **Bay-window, compass-window** (« a compace window. » LELAND. *Itin.*), *Oriel,* fenètre en saillie (V. les exemples cités vol. I des *Motifs,* p. 43, note). Le *Palais du plaisant aspect* de Chaucer était orné d'*oriels* (*bay-windows*) de la plus grande beauté (poème de « *L'assemblée des dames* »). N. B. L'oriel ou *bay-window* est quelquefois improprement appelé *bow-window* (fenètre arquée ou courbe). Dans le *Dictionnaire anglo-français* de Sherwood, servant d'appendice à Cotgrave (1632), *Bay-window* est traduit *par grannde fenestre (de bois) de charpenterie.* V. ORIEL.

ENTRESOL, *mezzanine* des Italiens (**Entre-sol**). Etage bas pratiqué entre deux étages de dimensions ordinaires (le plus souvent entre le rez-de-chaussée et le premier). « Etage bas pratiqué dans la hauteur d'une ordonnance d'architecture, présentant à l'extérieur l'aspect d'un seul étage. » *(Définition de M.* Viollet-Leduc*)* V. son *Dict.*, v° *Construction*, fig. 119 et 120).

ESCALIER A VIS ,**Vice, Vys, Turn-pike ; Vyce,** *a Turn-grece.* ms. m.). Escalier en spirale, dont les marches tournent autour d'un pilier central, appelé *noyau* (**Noel, nowel, nuel**). V. Parker. Il y avait autrefois des escaliers de ce genre dans toutes les églises, dans tous les châteaux et les grandes maisons de campagne. « Et dans le dit clocher il y aura un escalier tournant (*vice tournyng*), pour l'usage de la nef, des ailes et du chœur, du sol jusqu'au sommet. » *(Contrat pour l'église collégiale de Fotheringhay.* Monast. vol. III). » » *Vis.* Escalier tournant. *Vis brisée.* Escalier qui change de direction chaque fois qu'il s'est élevé de quatre ou cinq marches. *Vis* S*t*-*Giles.* Sorte d'escalier tournant, voûté sous les marches. *Vis à jour.* Autre escalier tournant, ayant un grand nombre de marches, et disposé de telle façon, qu'un homme parvenu tout en haut peut voir celui qui est encore en bas. » (Cotgrave, *French-English Dictionary*, in-fol., 1650). Dans les documents de la Chapelle de St-Etienne, on lit : « *les vuz,* » et « *leading per le viç.* » (Smith, *Antiq. of Westminster,* p. 186, 187), termes qui se rapportent indubitablement à des escaliers à vis.

ESTRADE (**Foot-pace**). Plancher élevé au haut bout d'une ancienne salle de repas. Le *hall* du palais de Richmond avait « une belle estrade (*foot-pace*) à son extrémité supérieure. » On disait en français : « *le haut pas.* » V. Dais.

4.

ÉTAGE (**Stage**, **Story**). Série d'appartements sur un même palier ou de plain-pied (*Flat*, en Écosse). « *In altitudine trium* stagarum. » *Itin.* de W. de Worcester, 287. On trouve dans le même auteur et ailleurs, dans des documents de la basse latinité, *Historia* et *Istoria* (*Story* est un mot saxon ; v. CLAIRE-VOIE). *Étage*, du grec στέγη. — On appela **Story posts**, les poteaux ou poutres qui s'élèvent de la base jusqu'au sommet d'un étage, dans une construction en bois.

ÉTANÇON, *estançon (Estancher)*. « Étai pour retenir ferme, à demeure, un mur ou pan de bois » (DAVILER). **Stanchel** ou **Stancheon** se disait des barreaux de fer d'une fenêtre, placés perpendiculairement ; des meneaux verticaux d'une fenêtre ou d'un écran à jours. V. *Ancient rites and monuments of Ducham*, etc. — Cf. le lat. *Stagnare*. — **Strike** signifiait une pique, un poteau de fer (*stanchel*) dans une porte, dans une grille, dans une palissade.

ÉVENTAIL (**Fan-tracery**). On appelle ainsi, dans l'architecture anglaise du XVe siècle, la disposition des nervures ornementales d'une voûte, partant toutes ensemble du point où la voûte prend naissance et divergeant également à mesure qu'elles s'élèvent, à la manière des baguettes d'un éventail. V. la pl. 53 (Frontispice) du vol. I des *Motifs*. — Cf. RÉSEAU.

FACE, *plate-bande* (**Fesse**, **face**, **fascia**). Membre plat (bande d'architrave, etc.), sans saillie ou peu saillant.

FAUX-COMBLE (**False-roof**). Espace vide compris entre le plancher et les chevrons d'un comble en charpente; galetas, grenier,

FAUX-POINÇON (**Queen-post**). Poteau latéral ou jambette « qui vient reporter une partie de la charge des arbalétriers ou chevrons sur l'extrémité intérieure des blochets et donne de l'empattement aux grandes pièces inclinées » (VIOLLET-LEDUC). V. *Motifs*, vol. I, p. 57 ; OTTE, v° *Poinçon*.

FENÊTRES A TOURS, *à tourelles* (**Tower-windows, tower-Lights ; Turret-windows, turret-lights**). On possède une notice très-détaillée sur les vitraux peints de la cathédrale de Durham, rédigée par le prieur John Wessington, mort en 1446, et publiée postérieurement. L'auteur décrit l'église, ses anciens autels, ses tombeaux, passe ensuite aux fenêtres, et se sert des expressions qu'on signale ici, pour désigner les petites ouvertures du réseau (V. ce mot), au sommet des baies. *N. B.* Les peintures de la partie supérieure des verrières représentaient souvent (en grisaille ou en jaune d'or) des dais à tourelles, s'élevant au-dessus des grandes figures aux vêtements splendides, qui occupaient les compartiments principaux : ce n'était pas le cas à Durham ; mais les termes dont il s'agit peuvent s'expliquer par cette circonstance.

FÉRÉTOIRE, v. fr. ; lat. *feretrum* (**Feretory**), reliquaire ; proprement *bière, cercueil, brancard* servant à transporter un cadavre ; mais s'appliquant aussi à un sarcophage ; par exemple : le férétoire (*feretory*) de St-Cuthbert, à Durham, etc. V. CHASSE.

FERME. Assemblage de pièces de bois supportant le faîte d'un comble et lui donnant sa forme. Le cadre ou l'angle d'une ferme-maîtresse est formé par la rencontre de deux *arbalétriers* ; entre les fermes principales , parallèlement aux arbalétriers , sont disposés des *chevrons*, dont l'assemblage forme aussi un angle égal à celui du toit. *N. B.* Une couple de chevrons s'appelle en vieil anglais **Couple-close**. Les hérauts d'armes ont introduit ce terme dans le langage du blason, comme un diminutif de *chevron*. (V. ce mot).

FEUILLAGES (Branched-work). Branchages, feuilles sculptées, etc. V. Viollet-Leduc, V° *Flore*, et Hoffstadt p. 409 et suiv.

FILET. (V. Listel..)

FILOTIÈRE , *borne de vitre* (**Quarrel** ou **quarry**). Pièce de verre oblongue, carrée, hexagone ou plus ordinairement en losange. Les dessins qu'elles forment (dans les fenêtres), dit Félibien, suppléent à l'absence de verres coloriés (Berty, *Dict. de l'arch. du moyen-âge.* Paris 1845 , in-8°. Cf. les *Annales de l'Acad. d'archéol. de Belgique*, 1865). Du latin *quadra , quadrella.* Quarrel se dit aussi des pierres ou des briques d'un pavé posées diagonalement (Parker).

FLÈCHE (Spire , Broach), pyramide aiguë élevée sur le sommet d'une tour ; grand pinacle. » Et nota quod *turris* et *spera sive pinnaculum* cum turri quadrata ecclesiæ Beatæ Mariæ de Radclyff continet in altitudine, videlicet turris... pedes, et *spera pinnaculi* integri continebat... pedes ; sic summa tocius altitudinis tam *turris* quam *speræ* continet in toto... pedes. » Le vieux terme anglais *broach, broche*, s'appliquait indifféremment aux clochers de charpenterie ou aux pyramides en pierre. Beaucoup de clochers du nord de l'Angleterre conservent encore ce nom ; par exemple, *Hesslebroach*, sur la rive septentrionale de l'Humber, etc. V. les *Antiq. architect.*, vol. I, tour du Sud. — La flèche est un des membres les plus caractéristiques de l'architecture gothique ; absolument inconnue des anciens, elle n'apparaît dans les édifices romains qu'à l'état rudimentaire. V. Schmit, *Ouv. cité*, etc.

FLEURON (**Finial** ou **Fynial**). Sommet, tête, amortissement ou terminaison d'un pinacle ou d'un gable, selon l'interprétation aujourd'hui généralement adoptée ; mais dans les anciens documents, le terme anglais s'applique à un pinacle tout entier. C'est ainsi que Henry VI ordonne que la chapelle de son Collége, à Cambridge, soit « suffisamment contrebutée, et que chaque contrefort soit terminé par des *finials*. » V. son *Ordonnance*. — Les contre-forts (*botteraces*) de l'église de Fotheringhay durent également être « surmontés de *fynials*, » c'est-à-dire de hauts *pinacles*. *Monast. Angl.*, vol. III. Cf. Viollet-Leduc. V. *Fleuron*.

FORMERETS (**Formerets**). « Ce sont les arcs ou nervures des voûtes gothiques, qui *forment* les arcades ou lunettes, par deux portions de cercle qui se coupent à un point » (Daviler : cf. pl. 66 A, p. 237). Un formeret, dit M. Viollet-Leduc, est un arc recevant une voûte d'arête le long d'un mur. Cette définition peut être rapprochée de celle de Cotgrave (*The small branches of a vault in the ends or inside thereof*), qui laisse M. Willson dans l'incertitude. V. Ogive.

FRETTE , *frète* (**Fret-work , fretted**). « Demi-
baguette régnant sur une moulure plate , et décrivant
par des angles , tantôt droits, tantôt aigus, des espèces
de créneaux contrariés, ou rectangulaires, ou coniques,
d'où l'ornement prend le nom de *frète crénelée rectangulaire* ou de *frète crénelée triangulaire*. La frète rectangulaire, plus ou moins compliquée, a été empruntée
à l'antiquité par l'art romain , d'où vient qu'on l'appelle
aussi *grecque* » (SCHMIT). V. les *Antiq. archit. de la
Normandie* , p. 15 , *note*. M. Willson appelle *frettée*
toute surface couverte de fines sculptures (*entail ;*
V. SCULPTURE D'ORNEMENT) , par exemple de petits
feuillages , de fleurs , etc. W. de Worcester dit que la
porte occidentale de l'église de Redcliffe , à Bristol , est
« *frettée* dans sa partie supérieure » , et que l'intrados
de la voûte de la même église est également *fretté*.
Itin. , p. 268. V. CHEVRON , ZIGZAG.

FUT (**Shaft**). Corps ou tronc d'une colonne, entre la
base et le chapiteau. Au moyen âge , il y eut des fûts
simples et des fûts *composés* , c'est-à-dire formés de
plusieurs colonnettes groupées en un seul faisceau ou
cantonnant un gros pilier. Le terme anglais *shaft* s'applique à chaque colonnette (*boltel ;* V. TORE) prise à
part , et à l'ensemble du faisceau ; par extension , il se
dit aussi d'une petite flèche , d'un pinacle. V. PARKER ,
BERTY , etc.

GABLE , *pignon* , *fronton* (**Gable, gabel**). « Le gable
est originairement la réunion, à leur sommet, de deux
pièces de bois inclinées. Le gable d'une lucarne comprend deux arbalétriers assemblés dans un bout de
poinçon et venant reposer, au pied , à l'extrémité de deux

semelles. » (Viollet-Leduc.) On a ensuite employé ce membre comme motif de décoration, en terminant les archivoltes par de grands triangles en partie ajourés, en chargeant d'un couronnement de ce genre les sommets des arcs-formerets et enfin toutes les arcatures des lambris, etc. *Gable* a communément le sens de *pignon*, muraille triangulaire fermant l'extrémité d'un comble; on donne même quelquefois ce nom à toute la muraille dont le sommet est proprement le pignon (**Gavell of a howse**, *frontispicium*. Ms. M.). *Gavel-end*, *Gavel-head* sont d'anciens termes encore usités dans les campagnes de l'Angleterre). Un pic situé dans la région montagneuse du Cumberland est appelé le « grand *gable* » à cause de sa ressemblance avec le pignon d'un édifice. Le mot *fronton* (*pediment*) s'applique mal aux gables du moyen-âge; il désigne proprement le pignon bas, à angle très-ouvert, qui couronne un portique de style grec ou italien. V. Schmit, v° *Fronton*. M. Willson cite un passage des *Visions de Piers Plowman*, poème du XIVe siècle, où la fenêtre ogivale elle-même est appelée *gable* (*Wouldest thou glase the gable and grave therein thy name*... Si tu voulais mettre des vitres à la fenêtre et y graver ton nom... *Passus tertius*). **Gable-window** se disait spécialement de la fenêtre placée à l'extrémité d'une église ou d'un autre édifice. On lit dans l'ordonnance de Henry VI (Description du Collége d'Eton) : « Item, à l'extrémité Est de la dite église, il faudra pratiquer une grande fenêtre (*gable-windowe*) de sept baies, avec deux contre-forts, et de chaque côté de l'église, sept autres fenêtres. « — Item (dans la sacristie)... les murs seront hauts de vingt pieds, avec des *fenêtres de pignon* et des fenêtres latérales, comme il paraîtra convenable.

GALERIE (**Gallery**). 1. Passage couvert, de plain-pied, faisant communiquer entre eux deux appartements d'un édifice. (V. COULOIR). 2. Passage étroit pratiqué dans l'épaisseur des murs des grandes tours et des églises (V. les *Records of Louth steeple* dans les *Arch. Antiq.*, vol. IV, p. 2, etc.) 3. Grande salle de bal : elles sont ordinairement au troisième étage des grandes maisons bâties sous le règne d'Elisabeth ; il y a des *galeries* très-longues.

> The galeries right wels ywrought
> For dauncinge, and otherwise disports.

The Palace of pleasaunt regarde, in Chaucer's Assemblie of Ladies.

« Les galeries élégamment ornées, pour la danse et pour d'autres divertissements. » — (V. LOGE, JUBÉ. Cf. VIOLLET-LEDUC, v° *Galerie* (galeries de service, promenoirs, etc.).

GALETAS (**Soler, soller,** ital. *solaio,* all. *soller,* lat. *solarium*). Etage pris dans un comble, éclairé par des lucarnes. « *Dedi... unam shoppam cum* solario *super-ædificato.* » (COWEL, *Ex veteri cartâ*). Un ancien hôtel de Cambridge portait le nom de *Solere-Hall, Aula solerii.* V. WARTON, *Hist. of English Poetry*, I, 432, note. Cf. PARKER, v° *Soler.*

GARGOUILLE. *gargolle, guivre, canon, lanceur* (**Gargle, gargyle**). Figure de serpent ou de monstre, dont la gueule est percée pour laisser échapper les eaux d'un toit ou celles d'une fontaine. Il y a des gargouilles de pure décoration. « La gargouille, dit M. Schmit, est une gouttière de pierre ou de métal, droite ou décrivant une courbe horizontale, qui se projette perpendiculairement à la face d'un édifice, sous la figure d'un animal fantastique ou symbolique du même nom, d'un démon, d'un homme, et même d'un ange en adoration, pour rejeter les eaux loin du pied·des murailles. »

> And every house covered was with lead,
> And many a *gargoyle*, and many a hideous head,
> With spouts through, and pipes, as they ought,
> From the stone-work to the kennel rought.
>
> *Lydgates Book of Troy.*

« Et toutes les maisons étaient couvertes en plomb, et beaucoup avaient une *gargouille*, une tête hideuse servant de gouttière, pour lancer l'eau loin des murailles de pierre, dans le ruisseau. »

William de Worcester mesura la tour de l'église de St-Etienne, à Bristol, *depuis la plinthe jusqu'à la gargouille, et depuis la gargouille jusqu'à l'amortissement* (V. ce mot), c'est-à-dire depuis le niveau du sol jusqu'aux gouttières, placées au pied de la balustrade, et de là jusqu'à la tête des pinacles. *Itin.*, 282. Sur les gargouilles des fontaines, V. *Hall's Cronicle*, pp. 511, 722, 735 (nouvelle édition, in 4°).

GIROUETTE (**Fane, Phane, Vane**), *wire-wire*.
« Plaque de tôle ou de cuivre munie d'une douille ou de deux anneaux, et roulant sur une tige de fer placée au sommet d'un comble. Les girouettes sont destinées à indiquer d'où vient le vent. Pendant le moyen-âge, il n'était pas permis à tout le monde de placer des girouettes sur des combles des habitations. La girouette était un signe de noblesse, et sa forme n'était pas arbitraire »

(Viollet-Leduc). Les simples gentilshommes avaient droit d'avoir des girouettes en pointes comme des pennons ; celles des chevaliers bannerets étaient carrées comme des bannières, dit le Laboureur (*Ibid.*). Les palais et les principales églises du XIVᵉ et XVᵉ siècle portaient de riches pinacles ou *épis* (Cf. Viollet-Leduc, vᵒ *Épi*) garnis de girouettes ressemblant à des étendards, dorées et couvertes d'insignes héraldiques. V. Warton, *History of English Poetry*, vol. II, 223, note.

The towres high full pleasant shall ye finde,
With *phanis* freshe, turning with everie winde.
Chaucer's Assemblee of Ladies.

« Vous admirerez les tours ornées de belles girouettes, tournant à tout vent. »

For everie jate (gate) of fine gold
A thousand *fanis*, aie turning...
Chaucer's Dreme.

« Au-dessus de chaque porte d'or fin, mille girouettes en mouvement, etc. »

V. le vol. I des *Motifs*, page 74, note I. — *N. B. Dach-fahne*, en allemand, signifie *girouette* (de *Fahne*, bannière). V. le *Dict.* des frères Grimm.

GUIMBERGE (**Gablet**). Petit gable, ornement ordinaire des niches, des écrans, etc. On entend par *guimberge* (en allemand *Wimberge* ou *Wimperge*), dit M. Hoffstadt, le fronton gothique flanqué de ses deux pinacles, que ce fronton soit à rampants rectilignes ou curvilignes. Le fronton rectiligne appartient au style gothique plus ancien et plus sévère : par cette raison.

il convient plus particulièrement à l'architecture religieuse » (p. 392). C'est dans la dernière moitié du XIVe siècle que les rampants de la guimberge commencèrent à se courber, et à s'élever par une gracieuse ondulation jusqu'au bouquet terminal. Avant cette époque, cet ornement affectait absolument la forme d'un gable de comble, son prototype. Les contrats passés par Richard II, en 1395, peu après la mort de la reine Anne, pour son propre tombeau et pour celui de la défunte, à Westminster, stipulent expressément qu'il y aura, au-dessus de la tête des deux statues, des *tabernacles* dits *hovels* (V. DAIS) avec des guimberges *(gablets)*. RYMER'S *Fœdera*, t. VIII, p. 798. Dans le troisième contrat pour la construction du Collège du Roi, à Cambridge, parmi les ornements d'architecture qui doivent décorer l'une des quatre *tours* d'angle, sont mentionnés des « *ryfaat gabblets* » (V. l'appendice aux *Anecdotes of Painting*, etc., dans les œuvres d'Horace Walpole, comte d'Orford, vol. IV, p. 159). *Ryfaat*, du français *refente*, rainure, coulisse ? Qu'est-ce à dire ? N'y a t-il peut-être pas là tout simplement une erreur de copiste ?

GUIRLANDE. On donnait en anglais le nom de **Garland** (guirlande) à un cordon ou bandeau d'ornements entourant le sommet d'une tour, etc. V. William de Worcester, *Itin.*, p. 221, etc.

HERSE (**herse, herce** ou **hearce**). « *Herse, harse, coulisse,* lourde claire-voie composée de pièces de fer ou de charpentes assemblées, s'engageant verticalement dans deux rainures et formant un obstacle sous le passage d'une porte fortifiée. La herse se relève au moyen de contre-poids et d'un treuil ; elle retombe par son propre poids. Les Romains connaissaient la herse (LIV. XXVII, 28 ; VEGET. MIL. IV, 4 ; V. le *Dict.* d'Antony Rich, v° *Cataracta*) ; on la voit figurer sur des vignettes de manuscrits dès les IXe et XIe siècles. Toutefois, dans les édifices militaires encore debout, nous n'en connaissons pas qui soient antérieures au XIIe siècle » (VIOLLET-LEDUC). Le nom de cet engin provient de sa ressemblance avec l'instrument à dents qui sert à rompre les mottes d'une terre labourée, etc. V. PORTE-COULISSE, CATAFALQUE.

IMAGE , IMAGERIE (Image, Imagery). Au moyen âge, les statues s'appelaient communément *images* ; les sculpteurs étaient des *imagiers (ymagiers)* ; toute représentation d'animaux, d'hommes, de scènes sculptées sur la pierre ou le bois était une *imagerie.* Cf. VIOLLET-LEDUC. — Dans le *Temple de la Renommée* de Chaucer, on lit :

> *Habenries* and pinnacles ,
> *Imageries* and tabernacles. ..

Ces trois derniers termes s'expliquent aisément ; mais **habenries ?** Notons que cette orthographe est celle de l'édition de Speght ; dans d'autres, on a remplacé *habenries* par *barbican.* V. WARTON, *Dissertation on Spenser's Fairy Queen*, et *History of English Poetry*, vol. I, p. 392. — HABENA, en latin, veut dire bride, courroie, sangle, bande, etc. : cela ne nous avance guère, et nous ne voyons pas bien de quelle espèce d'ornements le poète a voulu parler (WILLSON). — Ne s'agirait-il pas tout simplement d'ornements sculptés, taillés, ciselés, et *habenries* ne s'expliquerait-il pas par le verbe *hew*, partic. *hewn*, tailler, couper ? (A. L.)

INSCRIPTION (**Scripture**). Les inscriptions, épitaphes, etc., sont appelées *scriptures* dans les anciens documents anglais. V. les *Contrats* pour la chapelle de Beauchamp, etc.

JESSÉ , *Arbre de Jessé* (**Jesse**). Représentation de la généalogie du Sauveur, à partir de Jessé, père de David. On rencontre ce sujet favori des anciens artistes sur de larges verrières, sur des pièces de tapisserie, quelquefois sur des chandeliers à plusieurs branches, de grande dimension. Nous en voyons un curieux spécimen dans les meneaux d'une des fenêtres du *chancel* de l'église de Dorchester, comté d'Oxford (V. *Arch. Antiq.*, vol. V). et aussi sur un retable de *Christ Church*, Hampshire.

JOUR (**Day**). Compartiment d'une fenêtre à meneaux. M. Willson estime que ce terme ne provient que d'une erreur de lecture : *day* pour *bay* (BAIE, V. ce mot). — On disait aussi, dans le même sens, *lumière* (**Light**); *luces*, dans William de Worcester; it. *pana, panella, parva fenestra*. V. son *Itin.*, pp. 235, 287, 293, etc. V. BAIE.

JUBÉ (**Jubé**). Galerie avec une sorte de pupitre à la façade, placée à l'entrée du chœur d'une cathédrale ou d'une autre grande église. Le nom de *jubé* vient du texte liturgique : « JUBE *Domine benedicere*, » dont le *lecteur* se servait pour demander la bénédiction de l'officiant avant de commencer les *leçons*. V. MOTIFS, vol. II (Description de la pl. XLII). Le jubé est quelquefois placé à l'extrémité de la nef, lorsque le chœur s'avance dans le transsept. (SCHMIT, v° *Jubé*). V. LOGE.

LAITON (**Lattin**, **latten** ou **l.ten**). Cuivre jaune. Le mot *latten* (laiton) est employé pour désigner l'ensemble des ornements en métal du tombeau de Richard de Beauchamp, comte de Warwick (V. CATAFALQUE); il est ordonné que la table sur laquelle repose la statue « doit être en platine de Cologne (Cullen plate), aussi épaisse que possible et de la meilleure qualité. » V. les *Arch. Antiq.*, vol. IV; *Dugdale*, etc. — Un grand candelabre ou chandelier à plusieurs branches, qui se trouvait autrefois dans le chœur de la cathédrale de Durham, est décrit comme étant « de métal de chandelier très-fin et curieux, c'est-à dire de laiton (*latten-metal*) reluisant comme de l'or. » *Ancient Rites and monuments of Durham*. Le *laiton* est distingué du cuivre dans les contrats passés pour la construction du tombeau de Richard II, et dans d'autres documents. V. RYMER. vol. VII, *ut suprà*.

LAMBEL ou LABEL (**Label**). Terme emprunté au blason (sorte de brisure offrant quelque analogie de forme avec un *lambeau* d'étoffe, et dont les puinés chargent les armes de leur maison). Les architectes modernes appellent *lambel* la moulure extérieure qui sert de couronnement ou d'encadrement rectangulaire au sommet d'une porte ou d'une fenêtre, et dont les extrémités font retour à angle droit (*returns, crooks, knees.* V. OTTE). Cf. *Motifs*, vol. I, p. 38; pour les exemples, V. *Ibid.*, p. 36, note 3). Le mot *lambel* se prend comme synonyme de *hood-mould*, (litt. *chaperon*); mais le sens de ce dernier terme est plus large, puisqu'il s'applique également à la moulure externe d'une archivolte, et en général à la moulure d'encadrement d'une porte, d'une fenêtre, d'une ouverture quelconque, où sa fonction est , en quelque sorte , de couvrir (comme d'un *capuchon, hood*), de protéger les autres moulures. Cette moulure externe se termine quelquefois de chaque côté par un *retour*, comme le *lambel* proprement dit , ou par une tête, par un corbeau. V. le vol. I des *Motifs*, p. 38 , etc. Cf. OTTE , vº *Crooks*.

LAMBRIS (**Cyling, ceiling, seeling**). « Le mot lambris ne s'employait , au moyen-âge, que pour désigner un revêtement uni de planches. Les charpentes des XIIIᵉ, XIVᵉ et XVᵉ siècles sont souvent, à l'intérieur, garnies de lambris en forme de berceau plein cintre ou en tiers-point. Ce sont alors des *charpentes lambrissées* (comme à Rouen , dans la grande salle du palais). On garnissait aussi fréquemment de *lambris* la partie infé-rieure des salles ou chambres , c'est-à-dire de planches avec couvre-joints au-dessous des tapisseries. Ces lambris étaient isolés des murs et cloués sur des tas-seaux scellés au plâtre dans des rainures. On évitait ainsi la fraîcheur des murs , toujours dangereuse dans les habitations. » (V.-L.). Les lambris et les charpentes lambrissées répondent au *seeling* ou *ceiling* des anciens auteurs anglais. On trouve aussi « an *upper-seeling* , pour désigner plus exactement qu'il s'agit du revêtement en bois des murs d'une salle. Dans un contrat pour la construction de Hengrave Hall , Suffolk , daté de 1538 , nous trouvons que « sept chambres doivent être lam-brissées *(seeled)* jusqu'à six pieds de terre, et la chapelle jusqu'à sept pieds. La grande salle sera lambrissée *(seelyd)* jusqu'à la hauteur de 15 pieds , etc. » *History of Hengrave*, par John Gage, esq. F. S. A., 1822, in-4º. — On lit dans l'*Itin. de William de Worcester* , 170 : « Spacium... sub co-operturia de *Cylyng* cum plumbo. »

LANTERNE (**Lantern**). 1. Tourelle ou coupole s'élevant au-dessus du toit d'une grande salle (*hall*), d'une cuisine , etc., éclairée par des fenêtres latérales ou simplement percée de trous quand elle doit servir à laisser échapper la fumée du charbon , etc. V. LOUVRE , MITRE DE CHEMINÉE. 2. Petite tour ou tourelle toute composée de fenêtres , au sommet d'un clocher , comme à Boston. V. les *Arch. antiq.*, vol. IV et V. 3. La tour centrale (*rood tower*) d'une grande église était souvent appelée *lanterne* , parce que ses fenêtres procuraient de la lumière à la partie de l'édifice située entre les deux transsepts (p. ex. à Durham , etc.) N. B. Définition de Cotgrave : « *Lanterne* , lunette (*scutcheon* , œil circulaire) ou clef d'une voûte en charpente , au point d'intersection des nervures. » Sur la *lanterne des morts* (fanal de cimetière , phare, etc.). V. le *Cours d'antiq. monum.* de M. de Caumont , t. VI. et le *Dict.* de M. VIOLLET LEDUC.

LARMIER (**drip**), **nosing.**) Définition de M. Viollet-Leduc : Profil pris dans une hauteur d'assise , formant bandeau ou membre supérieur de la corniche et destinée à protéger les paremens , en faisant écouler loin des murs l'eau pluviale (*To drip* , dégoutter). Ce membre, dont le plafond est souvent creusé en canal , et que les ouvriers nomment *mouchette* , est aussi appelé *couronne* (lat. *Corona*) et *gouttière*. On dit *larmier* et *gouttière*, parce que l'eau de la pluie en tombe par *gouttes* ou *larmes* (DAVILER). Ital. *Lagrimario.*

LAVABO (**Laver** , **lavatory**). 1. Bassin de pierre, se vidant par un conduit ou tuyau partant d'une ouverture pratiquée dans sa partie inférieure. Tout autel avait son *lavabo*, dans les anciennes églises : l'officiant s'y lavait les mains pendant la messe. On en trouve aussi quelquefois à l'entrée des salles à manger. Dans les ruines du palais épiscopal de Lincoln, il y en a deux dans un escalier-tourelle, en face de deux chambres. Quand l'église de Fotheringhay fut reconstruite, il fut prescrit qu'on y placerait » quatre lavabos pour quatre autels « *(lavatoris to serve for four awters)*. *Monast. Anglic.*, vol. III, p. 163. 2. Auge de pierre, de forme allongée, placée généralement dans la sacristie d'une cathédrale, comme à Lincoln : à York, elle est dans la crypte; à Norwich, dans les cloîtres. etc.; on y lavait les vêtements sacerdotaux, les surplis, etc. Ces *lavabos* ou plutôt *lavatoires* étaient quelquefois richement sculptés. — En France, il y avait des lavatoires près du cloître des monastères (par exemple à l'abbaye de Cluny), où l'on déposait et lavait les morts avant leur ensevelissement (Viollet-Leduc, v° *Lavatoire*). 3. Fontaine dans la cour d'un cloître ou dans un emplacement analogue, comme à Durham. « Dans le préau du cloître, près de la porte de la maison des frères, il y avait un beau *lavoir (laver)* ou fontaine *(conduit)*, où les moines allaient se laver les mains et le visage; c'était une rotonde couverte de plomb et tout en marbre, sauf à l'extérieur, et l'on pouvait circuler autour du lavoir. L'eau jaillissait par de nombreux tuyaux de cuivre; les becs étaient au nombre de vingt-quatre. L'édifice était éclairé par sept fenêtres en pierre, et surmonté d'une sorte de colombier, avec couverture en plomb, le tout d'un travail délicat et somptueux. » *Ancient rites and monuments of Durham.*—C'était une construction octogonale; le huitième côté était occupé par la porte. Le bassin existe encore. V. aussi *P. Plow-*

man's Crede.—Cf. Viollet-Leduc, v° *Lavabo.* V. surtout les dessins gravés, p. 172 et 173 du vol. VI.

LISTEL ou **LISTEAU**, *filet*, *carré*, (**Fillet**, **Fylet**), ital. *listello.* Moulure étroite, carrée, servant à en couronner ou à en accompagner une plus grande. On dit aussi en anglais *list* ou *annulet.*

LOGE (**Loft**) 1. Galerie ou tribune élevée dans un grand appartement, ou s'ouvrant à l'intérieur. On y plaçait des musiciens (*music-loft*) ou des chanteurs (*singing-loft*, etc.) Le *jubé* (V. ce mot.) ou *lectorium* portait aussi le nom de *rood-loft* parce qu'il était ordinairement surmonté d'un crucifix, la face tournée vers la nef. Depuis l'établissement de la réforme en Angleterre, on a placé des orgues sur les anciens jubés, dans un grand nombre de cathédrales. 2. En France et en Italie, le mot *loge* s'applique plus particulièrement à une « pièce ou portion de galerie dépendant d'un édifice public ou privé, élevée au-dessus du sol extérieur (ce qui ne permet pas de la confondre avec le *portique*), et s'ouvrant largement sur le dehors, sans vitrines ou fermetures au dehors (ce qui la distingue de la *bretèche*) : Viollet-Leduc. On peut citer comme exemple la belle *loge* des Lanzi, à Florence. V. Bretèche, Galerie.

LOUVRE (**Lover**, **Loover** ou **Louvre**). Mitre ou couronnement (*corer*) d'un tuyau de cheminée. V. *Motifs*, vol. I, p. 67, note. Le *louvre* était proprement une espèce de tourelle dont les flancs, percés de trous, livraient passage à la fumée. Cette construction remonte à l'époque où l'on se chauffait au charbon de bois : le combustible était empilé entre les barreaux d'une grille de fer ouverte, placée au milieu de l'âtre. (Cf. VIOLLET-LEDUC, V^is *Cheminée*, *Mitre*). M. Willson fait venir *louvre* du français *l'ouvert* (l'ouverture). Nous croyons plutôt qu'il faut rapprocher ce terme de *louvre-boarding*, LUFFER *boarding*, abat-vent (jalousies qu'on place dans les fenêtres d'une tour pour empêcher le vent de pénétrer à l'intérieur et pour faire descendre le son des cloches. *To loff*, signifie encore *venir au lof*; *lof*, terme de marine, est le côté que le navire présente au vent. — M. Willson pense, d'autre part, que le célèbre palais du *Louvre*, à Paris, aurait tiré son nom d'une tourelle ou lanterne du genre de celles dont il est ici question. D'autres prétendent que le nom du *Louvre* (*Lupara* dans les anciens titres) vient de ce que cet édifice est situé dans un lieu qui était propre à la chasse au loup. D'autres encore disent que le *Louvre* est *l'œuvre* ou *l'ouvrage* par excellence; d'autres, que le vieux *Louvre* prit le nom de l'hôtel d'un seigneur de *Louvres* en Parisis, qui occupait autrefois l'emplacement de ce palais, etc. Quoi qu'il en soit, le plus ancien document connu, croyons-nous, où se rencontre le nom de la tour du Louvre, date du règne de Philippe-Auguste (1204); elle devait être alors de construction récente. Quant à la véritable étymologie, M. Littré nous tirera peut-être d'embarras. V. LANTERNE, MITRE DE CHEMINÉE. — Un *Louvre* s'appelait aussi *fumerelle* (*fumerell*, *fomerell*, *fumerell*); lat. *fumarium* (PARKER).

LUCARNE (**Lucarne, Dormant** ou **Dormer-Window**). « Baie ouverte dans les rampants d'un comble, destiné à éclairer les galelas. « (VIOLLET-LEDUC). Les lucarnes n'ont pris une grande importance qu'à partir du XIIIe siècle, lorsque les charpentes des combles s'élevèrent au point de permettre d'y pratiquer des chambres nommées plus tard *mansardes*, éclairées et aérées par des lucarnes (*Id.*) Les écrivains anglais appellent quelquefois les lucarnes *porch-windows*. Cotgrave décrit, sous le nom de *fenestre flamende*, une construction de forme curieuse : « Une fenêtre à cinq angles (ou coins) dont la partie supérieure fait saillie sur le toit d'une maison, etc. , et dont le bas repose sur la corniche des murs. » N. B. Un certain nombre d'édifices gothiques, en Flandre et en France, ont sur leurs toits des lucarnes de modèles tout à fait riches et remarquables. — *Fenestre dormante*, « ou à voirre dormant, » fenêtre à vitrage clos, etc. Cotgrave appelle *dormante* une fenêtre qui ne s'ouvre pas, n'ayant point de châssis à gonds. V. son dictionnaire, v° *Dormant*. Cf. CAVET , BARBACANE.

LUTRIN (**Lectern** ou **Lettern.**) Pupitre sur lequel on pose un antiphonaire, un livre liturgique. Dans le chœur des grandes églises, le lutrin était ordinairement en cuivre ; on voit encore d'anciens lutrins . curieusement ouvragés, à Wells, à Norwich, etc.

MACHICOULIS (**Machecoulis** , **Maschecoulis**). « Trous carrés (ou larges rainures) pratiqués horizontalement le long du chemin de ronde d'une tour ou d'une courtine . et permettant d'en défendre le pied en laissant tomber des pierres, des pièces de bois ou des matières brûlantes. Les mâchicoulis existaient dans les *hourds* de bois que l'on élevait sur les remparts dans les premiers temps du moyen-âge et jusqu'au XIII⁰ siècle (V. BRETÈCHE). Mais les hourds étant souvent incendiés par les assiégeants . on les remplaça, vers la fin du XIII⁰ siècle . par des chemins de ronde de pierre bâtis en encorbellement au sommet des murs et tours, et percés de trous rapprochés, par lesquels on laissait tomber sur l'assaillant des matériaux de toute nature, de l'eau bouillante, de la poix chauffée, etc. » (Viollet-Leduc). La grande tour du château de Tattershall offre un bel exemple de cette dernière disposition. Quelques-unes des tours du château de Warwick, du château de Bothwell en Écosse, etc., ont un couronnement semblable : on en citerait un assez grand nombre. Quelquefois il n'y a qu'une courte rangée de mâchicoulis immédiatement au-dessus de la grande porte d'entrée, comme au château de Carisbrook et à l'une des portes de Winchester (ces deux spécimens ont été publiés par Carter, dans son *Ancient Architecture*, etc.). Aux châteaux de Caernavon, de Caldecot, etc., l'arcade qui forme le sommet de la porte est elle-même percée de trous ; à Lumley et à Raby, les grandes tours sont flanquées à chaque angle de tourelles ou de bretèches, au bas desquelles on a ménagé des ouvertures. Ces *mâchicoulis* (macchicolations) ne servaient pas seulement à laisser tomber des projectiles, du plomb fondu, du sable brûlant ou de l'eau bouillante sur la tête des assaillants, comme on vient de le dire ; ils permettaient aussi d'observer l'approche de l'ennemi sans être soi-même découvert. Lydgate, décrivant les fortifications de Troie avec cette exagération familière aux poëtes, dit que « les murailles étaient hautes de deux cents coudées, entièrement de marbre gris, et percées de mâchicoulis *(magècolled)* pour résister aux assauts, etc. » M. Dallaway semble inférer de là que ce moyen de défense fut introduit pour la première fois en Angleterre par le roi Édouard I, d'après ce qu'il avait vu en Orient pendant les Croisades : mais cette pratique est beaucoup plus ancienne ; elle remonte même à l'Empire romain (V. DALLAWAY, *Obs. on English Architecture*, in-8°, p. 92, et KNIGHT, *On the principles of taste*, p. 160). *N.B.* Les *foramina* dont parle VÉGÈCE, IV, 4, trous percés au-dessus des portes, pour répandre de l'eau afin d'étouffer l'incendie allumé par les assiégeants, offrent quelque analogie avec les mâchicoulis.—On a proposé différentes étymologies du mot *mâchicoulis* : quelques-uns le font venir de *mactare collum* ; Spelman croit qu'il est composé de *mascil* ou *machil*, c'est-à-dire *mandibulum*, et de *coulisse*, ouverture ou issue par laquelle on laisse tomber quelque chose. *Glossarium Archæologicum*, 3e édit., p. 372.

MAÇONS. On voit par le contrat passé pour la construction de l'église de Fotheringhay, et par d'autres documents (Cf. PARKER), que les ouvriers qui bâtissaient avec des pierres brutes ou seulement travaillées au marteau s'appelaient **Rough-setters** ou *rough-masons*, MAÇONS proprement dits, tandis que les FRANCS-MAÇONS (**Free-masons**) étaient ceux qui se servaient du maillet et du ciseau. *Dugdale's Monasticon*, III, etc.

MAISON (**House**). Les lexicographes français définissent la maison, en général : « bâtiment servant de logis, d'habitation, de demeure. » Quand M. Ampère (*Littérature et Voyages*, tome I), voulant donner une idée du *gaard* norwégien, dit que c'est un assemblage de *maisons* ne formant ensemble qu'une seule habitation, il emploie le mot *maison* à peu près dans le sens de l'anglais *house*. En Angleterre, *house* s'applique à chaque partie d'un édifice ayant un toit séparé ; ainsi le *hall*, la cuisine d'un château, d'un collége, d'une abbaye, sont des *houses* (Cf. le sens politique du mot *houses* [*of Parliament*], que nous rendons assez improprement par CHAMBRES *du Parlement*). Dans les comtés du Nord, *house* est l'expression commune pour désigner l'appartement où la famille d'un fermier prend ses repas et se tient d'habitude. Dans les anciens temps, les familles nobles avaient coutume de se retirer pendant une saison à la campagne, et d'y vivre sans voir personne ; de là le terme *secret-house* : « Ils sont dans leur *retraite* » (Keeping their *secret-house)*, etc. V. *Northumberland Household Book*. Cf. CHAMBRE.

MANTEAU DE CHEMINÉE (**Mantle-tree**). Le *manteau* s'entend proprement de la partie du foyer d'une grande cheminée qui fait saillie dans la chambre (de la traverse du *chambranle* ; v. ce mot). Il est ainsi nommé, parce qu'il couvre la hotte et le tuyau de la cheminée ; les Italiens disent *nappa* (rendu par *nappe* dans la traduction française de Palladio, par de Chambray). Lat. *Camini testudo*. V. DAVILER. Les manteaux de cheminée étaient quelquefois très-richement, très-curieusement sculptés.

MARISME, *Maheresme*, vieux terme normand ou français, signifiant *charpente*. De là le *MAEREMIUM* ou *MAERENNUM* qu'on trouve fréquemment dans les anciens documents latins, dans le sens de *matériaux de construction* (pierre ou bois).

MENEAU (**Mullion** ou **Munnion; Moynels, moyniels;** V. SMITH, *Antiq. of Westm.*, p. 185, 207). On donne le nom de meneaux aux montants ou traverses (V. ce mot) de pierre qui divisent la surface d'une fenêtre, d'une rose, d'une ouverture quelconque, réelle ou figurée, en plusieurs compartiments, ou y tracent des dessins. Le meneau des XIIIe et XIVe siècles est une longue colonnette divisant le corps de la verrière ou la travée de l'écran, et se prolongeant au-dessus de son chapiteau pour dessiner des ogives ou des rosaces au sommet de la fenêtre, ou pour simuler des arcatures sur le tympan des pignons, sur la face d'un portail, sur les parois d'une balustrade, etc. (SCHMIT ; Cf. VIOLLET-LEDUC, v° *Meneau*). A partir du XVe siècle, le meneau quitte, ainsi que les moulures en général, la forme arrondie pour la forme prismatique, et décrit ces lignes ondulées et capricieuses qui caractérisent le style flamboyant (*Ibid.*) ; il finit aussi par perdre sa base et son chapiteau. M. Willson rapporte les mots **Mullion** et **Munnion** au français *moulure* et au latin *munio* ; il ne trouve pas, au reste, de motif suffisant pour les distinguer l'un de l'autre.

MEURTRIÈRE (**Loop** ou **Loop-hole**). Ouverture étroite pratiquée dans une muraille, pour tirer sur l'ennemi. Le vieux terme anglais *loop* s'entendait aussi dans le sens de *créneau* (v. ce mot) ; enfin il s'appliquait en général aux petites fenêtres des cages d'escalier, des cabinets, etc. Le Dr Plott, dans son *Histoire naturelle du Staffordshire*, 1686, p. 381, décrit un if énorme formant berceau, et surmonté d'une dentelure de *crests* et de *loops* » (V. CRÊTE), à l'imitation du crénelage d'une tour. »

MISÉRICORDE ou PATIENCE (**Miserere** ou **Misericorde**). Petite console placée sous la tablette mobile d'une stalle, et sur laquelle on peut s'asseoir à demi en paraissant être debout, lorsque la dite tablette est relevée. (V. *Motifs*, vol. II, pl. XL, etc.) Autrefois, l'usage permettait aux moines ou aux prêtres fatigués, ou d'une constitution débile, de s'appuyer sur des *béquilles*; les consoles dont il s'agit leur furent ensuite accordées *per misericordiam*; de là leur nom (OTTE). « Les *miséricordes* sont souvent fort ornées, et comme elles sont rarement exposées à la vue, les artistes, surtout à partir du XIVe siècle, ont souvent pris plaisir à y représenter des sujets bouffons, satiriques ou plus répréhensibles encore. » (SCHMIT.)

MITRE DE CHEMINÉE (**Cover**). Tourelle ou coupole au dessus d'une salle ou d'une cuisine, ouverte sur les côtés, afin de laisser échapper la fumée ou la vapeur. Dans la description du Prieuré de Brydlington (Burlington), rédigée du temps de Henry VIII, nous trouvons la mention « d'une ancienne cuisine pourvue de trois tuyaux de cheminée ou *Covers*, avec couverture en plomb. » *Archæologia*, XIX. — V. aussi LELAND, notice sur le château de Bolton. *Itin.*, VIII, fol. 66. Cf. VIOLLET-LEDUC, v° *Cheminée*, et ci-dessus l'art. LOUVRE.

MOELLONS PIQUÉS, moëllons de taille, d'appareil (**Ashler, Ashlar, Astler, Aslure,** ou encore *achelor, achiler, achlere, aschelere, asheler, estlar*), pierres de petit échantillon, présentant un parement régulièrement taillé au ciseau et employées au revêtement extérieur des murs. L'expression **Clene hewen ashler** (petits moëllons piqués) est répétée plusieurs fois dans les contrats pour la construction de l'église de Fotheringhay (*Monasticon Anglicanum*, vol. III), pour indiquer expressément qu'il ne s'agit pas de murailles en **Rough stone** (pierre brute). » Dans le Ms. du Mid-Lothian, cité

plus haut, il est dit que le château de Borthwick possède
une tour d'une grande élévation, toute construite en
moëllons piqués (*Aslure work*), extérieurement et inté-
rieurement. » (*Grose's Antiquities of Scotland*, 1789,
vol. I). — « Les Romains ont souvent employé le moëllon piqué, mais en morceaux présentant extérieurement
des surfaces carrées et non pas barlongues. Cette tradition fut suivie dans certaines provinces de France jusqu'au XIIe siècle. » (VIOLLET-LEDUC, vº *Moëllon*). —
Le terme **Nigged-ashler**, usité en Écosse (notamment
à Aberdeen par les tailleurs de granit dur) et dans le
nord de l'Angleterre, s'applique à la maçonnerie dont
les pierres sont taillées au moyen d'un marteau à pointes
(*bretture*), au lieu de l'être au ciseau.

MOULE (**Mold**, **Mould**). Se dit proprement de tout
objet creux ou vide dans lequel on verse ou renferme
une matière en fusion ou une pâte humectée et molle qui,
après solidification, garde l'empreinte que l'on a ainsi
voulu lui donner. *Moule* s'entend aussi dans le sens plus
large de prototype, modèle. On appelle *panneau* ou
moule, dit DAVILER, un morceau de fer-blanc ou de
carton, levé ou coupé sur l'épure pour tracer une
pierre.

MOULURE **Moulding**. Signifie à la lettre ce qui est
moulé, ce qui reproduit la forme d'un modèle ; mais on
appelle proprement *moulure* « une saillie ou un creux
sur le nu d'une muraille, ou la masse d'un corps détaché,
vertical ou horizontal, rectiligne ou curviligne, dont se
forment les bases, les entablements, les archivoltes,
les arcs doubleaux, et autres membres d'architecture. »
(SCHMIT). — Les décorations purement artificielles

(feuillages, animaux, etc.) ne sont pas en elles-mêmes des moulures : V. IMAGERIE, SCULPTURE, etc.

NEF. v. AILE. La grande nef est souvent appelée en anglais **Body** (*of the church*), le *corps* de l'église.

NERVURES (**Ribs**). Arêtes saillantes à moulures, divisant une voûte gothique en compartiments. Les nervures n'apparaissent qu'à la fin de la période romane ; à partir de là, elles se multiplient et deviennent de moins en moins simples. Les plafonds à *caissons* de la Renaissance doivent leur origine aux voûtes à nervures de l'âge précédent.

NICHE (**Tabernacle**). « Retraite peu profonde, réservée sur le nu d'un mur, d'une pile ou d'un contre-fort pour placer une statue. » (VIOLLET-LEDUC). La niche est ordinairement surmontée d'un *dais* (V. ce mot). Cf. MOTIFS, vol. II, description des pl. XXXVIII et suiv. ; HOFFSTADT, pages 400 à 409 ; SCHMIT, v° *Niche*. Les niches sont quelquefois appelées **houses** (maisons) ou **housings**, dans les vieux auteurs anglais. Il fut stipulé que le tombeau du comte de Warwick « serait orné de quatorze *images* (statues), placées debout dans des niches (*housings*) réservées autour du monument. » Il fut ordonné au *marbrier* « de pratiquer autour du dit tombeau quatorze niches (*housings*) principales, et trente-six petites niches. » *Arch. Antiq.*, ut suprà. V. TABERNACLE.

NOEUD (**Knob, Knoppe, Knot**). *Nodus* dans quelques documents latins. Bosse (V. ce mot) ou clef pendante au centre (*crower*) d'une voûte d'arête (V. ce mot).

On donnait également, autrefois, le nom de *Knot* à un petit compartiment de verrière affectant la forme d'un cercle, d'un quatrefeuille, etc.

OEIL. Jour circulaire percé dans un pignon, pour aérer et éclairer les combles. L'*oculus* (œil-de-bœuf) de la basilique chrétienne primitive était une baie circulaire ébrasée à l'intérieur, et s'ouvrant dans le pignon de face, au dessous du lambris de la charpente. La *rose* (V. ce mot) n'en est que le développement. — On donne le nom d'*œils* ou de *lunettes* aux clefs largement ouvertes, circulaires, qui, dans les voûtes, servent de passage aux cloches et prennent habituellement le profil des arcs ogives (VIOLLET-LEDUC). V. LANTERNE. Le terme anglais **Œillet**, en vieux français *Eylet*, *Oylet* désigne en général une fenêtre très-étroite, une meurtrière (V. ce mot), un jour de cage d'escalier, etc. *Smith's antiq of Westm. Records of St-Stephan's chapel.*

OGIVE. *Augive* (**Ogee, Ogyve**). « Pendant le moyen âge et jusqu'au XVIe siècle, dit M. VIOLLET-LEDUC, le mot *ogive* ou *augire*, *arcs augives*, ne s'appliquait qu'aux nervures croisées. Les autres arcs, fussent-ils aigus, s'appelaient *arcs doubleaux*, *tiercerons*, *formerets*. » Les *croix d'augives* étaient tout simplement, au commencement du XIVe siècle, les arcs diagonaux d'une voûte gothique. Or, ces croix d'ogives ou arcs ogives sont le plus souvent des pleins cintres ; c'est donc assez improprement qu'on donne le uom d'*ogive* à la figure formée par deux arcs de cercle se coupant suivant un angle quelconque (*Id.*). L'ogive est proprement, selon M. Willson, la *cimaise* ou *cymaise* (*cima*, *cima*, κύματιον de Vitruve), c'est-à-dire la moulure *ondulée* (sauf dans le toscan, où elle n'est qu'un quart de rond), concave par le haut, convexe par le bas, qui domine l'entablement dans les édifices de style italien. Les ouvriers anglais appellent BACK OGEE la *doucine* ou *gueule droite* (*cima recta*), qui est la cimaise proprement dite, et COMMON OGEE la *gueule renversée* (*cima reversa*). Cotgrave définit l'ogive : " Une guirlande (V. ce mot), un cerceau, une ronde-bande, en architecture. " — " Branches *ogivées*, peintes en façon d'ogives. *Branches d'augives*. " Shervood, *Additions to Cotgrave*. — Du vieux français *auge*, *auget*, huche, baquet, objet creusé en général (WILLSON), ou plutôt de *augeo* : LASSUS, *Ann. archéol.*, t. II, p. 116. — V. les *Remarques* publiées en tête des deux vol. des *Motifs*, et D. RAMÉE, *Hist. de l'architecture*. — Le terme *ogee* est réservé par un certain nombre d'écrivains, pour désigner l'arcade en accolade (V. *Motifs*, vol. I, p. 29, et BLOXAM, ch. 2).

Il n'entre pas dans le plan du présent *Glossaire* de reproduire, à propos de l'arc ogive (*pointed*), qui a donné son nom à l'architecture des derniers siècles du moyen-âge, des détails que l'on peut trouver dans tous les bons dictionnaires spéciaux. Il convient cependant d'énumérer et de définir en peu de mots les principaux arcs appelés indifféremment *ogives* par les historiens de l'art. On distingue en général les ogives *simples* et les ogives *composées* : les premières n'ont que deux centres, les seconds en ont davantage. Les OGIVES SIMPLES se subdivisent en *arcs aigus*, *lancettes*, *arcs équilatéraux*, *ogives à tiers point* et *arcs obtus*. L'*arc aigu* est formé par deux segments de cercle, dont le rayon est plus grand que la distance des deux bases de l'arc ; les deux autres sont donc pris en dehors des points d'appui. Les auteurs anglais donnent à cette ogive le nom de *lancette* ;

mais *l'arc lancéole* proprement dit, tel qu'il se rencontre à la cathédrale d'Autun, par exemple, est celui dont la courbure des arcs générateurs se prolonge au-dessous de la corde sur laquelle sont placés les centres (SCHMIT). On trouve des arcs aigus, en Angleterre, même antérieurement au règne du roi Jean, alors que le plein cintre n'a pas encore entièrement disparu. L'*ogive équilatérale* (l'ogive *parfaite* du XIIIᵉ siècle et du commencement de l'âge suivant) est celle dont les centres sont pris aux naissances mêmes de l'arc, avec un rayon égal à la distance de ces deux points, de telle sorte qu'on peut y inscrire un triangle équilatéral. On la désigne communément sous le nom d'ogive *à tiers point*; toutefois, M. Schmit a cru devoir réserver ce dernier terme à l'arc dont les centres sont pris au tiers opposé de la corde (XIVᵉ siècle), ce qui le rangerait au nombre des arcs *obtus*. Ceux-ci tirent leur nom de ce que l'angle supérieur du triangle inscrit est plus grand qu'un angle droit, et plus ou moins ouvert selon que les centres, placés, comme on vient de le dire, au niveau des bases et dans l'intérieur de la figure, tendent plus ou moins à se confondre. Les ARCS COMPOSÉS sont à trois ou quatre centres. Pour former une ogive *à trois centres*, on trace d'abord un plein cintre; ensuite, de deux centres opposés, situés au-dessous de la ligne de base et à égale distance du premier centre, on décrit deux segments qui viennent se rejoindre au-dessus ou au-dessous du cintre. L'ogive *à quatre centres* se construit comme suit : on trace d'abord deux ogives égales juxtaposées ou non sur une même base; les deux points extrêmes de la ligne des naissances seront les points de départ du grand arc. On divise cette base en quatre parties égales; et des points de division 1 et 3, pris pour centre, on décrit, en partant du sommet des petites ogives, la partie supérieure des branches de l'arc principal, ce qui donne à celui-ci, en conséquence, une forme plus ou moins *surbaissée*. (V. Hoffstadt, p. 50 et pl. IV, nº 6 ; *motifs*, t. I, pl. 1, nº 13, et pl. 34). L'arc en *accolade* ou *en talon* (XVe siècle) a aussi quatre centres, dont deux sont pris sur la ligne de base et deux au-dessus et en dehors de l'arc, pour les parties convexes. Quand il n'est pas très-surbaissé, on l'appelle simplement *arc infléchi* ou à *contre-courbures*. L'arc dit *ogee* (V. ci-dessus) affecte quelquefois, dans sa partie supérieure, une forme très-élancée (V. Bloxam ; cf. Hoffstadt, p. 54-56, et pl. IV, fig. 14-17). Les quatre centres de l'arc *Tudor* (règnes de Henry VII et de Henry VIII) sont pris, deux sur la ligne des naissances, les deux autres plus bas. Les figures placées à la fin du volume (1) rendent clairement compte de la construction de tous ces arcs, ainsi que de celle des *ogives rampantes*, formées par des intersections de lignes droites, et de diverses variétés d'arcs trilobés, sur lesquels il est inutile d'insister ici.

ORBE ne s'emploie en français, comme terme technique, qu'en parlant d'un mur qui n'a ni porte ni fenêtre : mur orbe (*orbus*), mur aveugle. L'anglais **Orb** (vraisemblablement de *orbis*) ne s'applique aujourd'hui, en architecture, qu'aux *nœuds* ou *bosses* (V. ces mots) ; mais les anciens auteurs désignaient ainsi une arcade, ou en général un objet curviligne. William de Worcester

---

(1) Nous devons des remercîments à M. C. Grenson, qui a mis une rare obligeance à les dessiner exprès pour le GLOSSAIRE.

appelle *orbœ* les fenêtres arquées de l'église de Saint-Étienne, à Bristol. *Itin.* p. 282. Dans la notice sur la construction du clocher de Louth, il est fait mention de de « dix ORBS. » *Archæol.*, X. *Arch. antiq.*, IV. — Dans les contrats pour le tombeau de Richard II et de sa femme, insérés dans les *Fœdera* de Rymer, t. VII, p. 795, le mot *orbes* est employé pour signifier les panneaux latéraux, ornés de quatrefeuilles. M. Willson pense que les *quatrefeuilles* auront ici donné occasion à l'emploi du mot *orb*. Parmi les ornements d'une tourelle d'angle de la chapelle du Collége du Roi, à Cambridge, on trouve les « *orbys* ou *crosse quarters*. » Ces *crosse quarters* ne seraient-ils pas l'ornement quadrilobé en question ? V. *Anecdotes of Painting* (appendice) ; *Arch. antiq.*, vol. I, etc. — M. Otte traduit *orb* par cloison, porte ou fenêtre feinte, etc., ce qui nous ramènerait au mur aveugle et ne serait point incompatible avec le sens de *panneau*.

ORIEL (**Oryel, oriel**). V. ENCORBELLEMENT. Fenêtre saillante ou en tribune, en encorbellement (*bay-window, compass-window*). — Dans quelques curieux passages d'anciens écrivains, le mot *oriel* a une signification un peu différente ; il paraît en général avoir signifié un *réduit*, un *cabinet*. On a beaucoup discuté sur son étymologie : on est remonté jusqu'à l'hébreu.

> In her oryall there she was
> Closyd well with royall glas.
>
> *Old Romance of the Squyr of Low Degre, publ. in*
> *Ritson's Metrical Romances, III.*

« Elle était dans son oriel aux vitrages de cristal royal, etc. »

V. le *Glossaire* annexé à *Mathieu Paris*, éd. Watts;
W. de Worcester, p. 89; *Capel's Interpreter; Skinner;
Spelman; Warton's Hist. of English Poetry*, v. I, p. 175;
Fuller's Church History, vol. II (*Addenda*), etc.

PANNEAU (**Pane, Panel**). « Toute surface lisse enca-
drée dans une bordure à moulures rectangulaires ou
couronnée par un plein cintre, un angle ou une ogive.
Le panneau est, en menuiserie, une pièce rapportée ;
en architecture, c'est le plus souvent une surface un peu
plus enfoncée que celle qui l'environne, ou tout au moins
que son encadrement. Cette surface peut rester nue ou
être ornée par la peinture, par la sculpture, par la mo-
saïque, ou même évidée à jour, dans le plein d'un van-
tail de porte, dans une barrière. » (Schmit). Le terme
anglais *pane* s'applique aux jours ou baies d'une fenêtre
à meneaux, et au vitrage même qui y est encadré (nous
disons un *panneau de vitrail*); à l'une des baies d'une
tour, d'une flèche (Cf. les expressions françaises *pan*,
pan de comble) ; à une suite de bâtiments alignés, enfin
aux constructions qui forment l'un des côtés d'une cour
quadrangulaire, ou à l'une des galeries d'un cloître.
(V. l'ord. de Henry VI ; W. de Worcester, etc.) —
Panel se prend aussi dans plusieurs de ces acceptions,
par exemple, dans le sens de baie de fenêtre ; mais ce
terme répond plus directement au français *panneau*,
défini tout-à-l'heure. W. de Worcester l'applique à l'un
des *pans* d'une tour (*Itin.* p. 282). — *Panella*, en quelque sorte *petit pan*. — **Quarter**, terme anglais, entre
autres significations (*poteau*, etc. V. Parker), a celle
d'un *panneau* carré ou rectangulaire. Sur le tombeau
de Richard, comte de Warwick, on dut ménager « sous
chaque niche principale (V. Niche), un beau panneau

pour y placer un écusson de cuivre doré » (*Records of the Beauchamp Chapel.*) V. ORBE.

PANNELÉ (**Paned**). Se dit d'une surface peinte ou d'une tenture divisée en compartiments par de larges raies de différentes couleurs ; un champ couvert de broderies sculptées est aussi dit *pannelé*.

PARADIS (**Paradis**). On trouve dans quelques vieux auteurs *paradis* pour *parvis*. A Winchester, on appelle *paradise* le préau ou plate-forme qui se trouve à l'angle Nord-Est de la cathédrale. Le terme anglais recevait encore jadis une autre acception : il s'entendait de tout appartement favori ; par exemple, d'un cabinet de travail. Dans le manoir de Lekingfield, comté d'York, il y avait » une petite chambre d'étude appelée *Paradis* » (*a little studying-chaumber called* Paradise.) LELAND, *Itin.* I, 48. Le château de Wressil, autre propriété de la famille Percy, avait également son *paradis. Id. Ibid.* I, 55. V. PARVIS.

PARAVENT (**Spere**). Écran placé transversalement au bas d'une salle, pour en protéger l'entrée (*Spere or scun*, scrineum, ventifuga. *Prompt. Parv.* ap. PARKER). Dans le nord de l'Angleterre, on appelle encore ainsi une cloison placée à l'intérieur d'un appartement, près de la porte. « Item la dite salle aura deux couvertures, l'une au bas, où est le paravent (**Sper**) etc. » *Hist. of Hengrave*, 42 — WHITAKER (*Hist. of ¦Whalley, Lancashire*) reconnaît que le terme *spere* est encore en usage ; mais ce savant auteur se trompe quand il avance qu'on n'entend par là qu'un écran de petite dimension.

PARCLOSE. V. Cloison.

PARLOIR (**Parlor**). « C'est, dans un couvent de filles, dit Daviler, une salle ou cabinet, où les personnes du dehors leur *parlent* par une espèce de fenêtre grillée. » En général, c'est un lieu destiné à la réception des étrangers. Dans quelques anciens documents anglais, il est question d'un salon de conversation : « *the speke house*, » qui n'est autre que le parloir des monastères.

PARPAIN, PARPAING, *perpins*, *perpeigne* (**Perpin, perpender** ou **perpent-stone, through**), pierre qui traverse un mur dans toute son épaisseur, de manière à former parement sur les deux faces. La *boutisse* est aussi une pierre prenant toute l'épaisseur d'un mur, et alternant avec des *carreaux* pour former liaison, dans les constructions plus économiques. (Les *carreaux* sont des moëllons d'appareil ayant plus de parement que de queue dans le mur. V. moellons piqués). — Dans le contrat pour l'église de Fotheringhay, le nom de *murs de parpaing* (**perpeyn-walls**) est donné, sans doute à cause de leur appareil, aux deux murs qui séparent la grande nef des bas-côtés, du côté de l'est, au-delà des dernières arcades. Monasticon, *III*.

PARVIS (**Parvis**). Plate-forme, cour d'entrée ou portique précédant la façade ou la porte d'une grande église (par exemple, à Paris, le *parvis* de *Notre-Dame*) ou d'un palais. L'origine du parvis est très-ancienne et très-connue (*parvis* du temple de Salomon, *atrium* des Romains, etc.); mais l'étymologie de son nom est douteuse. V. Whitaker, *Hist. of Saint-Germain's*, vol. I.

155, etc. On a proposé *pararisus* ou *pararidus* : quelques vieux auteurs français écrivent *paradis*. (V. ce mot ; Cf. Otte, p. 88).

PATIN (**Patand**). On appelle *patin* la pièce de bois que l'on couche de niveau sous la charpente d'un escalier, pour lui servir de base, ou encore la pièce de bois que l'on couche sur un pilotage pour y établir la plateforme, lorsqu'on fonde un édifice dans l'eau. — Dans le *Dictionnaire* de Cotgrave, la base d'un pilier est appelée *patin* ou *patte*. Le mot *patin* a dû signifier autrefois plinthe, soubassement, en un mot la partie inférieure d'un ouvrage de charpenterie, le membre qui doit supporter toute la charge. Il est probable que l'expression *patands of timber*, employée à propos des pupitres et des siéges à fournir pour la chapelle de Beauchamp (Warwick), se rapporte aux *patins* dans le sens de *plinthes*. V. les *Arch. antiq.* IV. 2 ; *Dugdale's Warwickshire*, etc.

PEINTURE (**Picture**). Le terme *peinture* s'est appliqué, au moyen-âge, aux ouvrages de sculpture enluminés aussi bien qu'aux tableaux, fresques, décorations murales, et aux figures représentées sur les vitraux polychromes, etc. La chapelle sépulcrale de l'ancienne famille de Heneage, à Hainton, comté de Lincoln, a conservé son ancien nom de *Chapelle des peintures* (« THE PICTURE *House*. »), que lui avaient fait donner les effigies coloriées dont ses monuments étaient couverts. L'art d'enluminer les sculptures est la *peinture imagière*, par opposition à la *peinture plate*, qui ne distribue ses couleurs que sur des surfaces planes.

PENDENTIF (**Fendant** ou **pendent**). Terme employé par les écrivains modernes pour désigner les pierres cunéiformes ou les ornements en bois (*clefs pendantes*) suspendus au sommet des voûtes gothiques, et descendant, aux XVe et XVIe siècles, en stalactites gracieusement découpées (V. Schmit, v° *Clef*; Cf. Viollet-Leduc, id.) On appelle proprement *pendentif* une porte triangulaire de voûte en encorbellement ou à double courbure, qui remplit l'intervalle des arcades au-dessus desquelles s'élève un dôme circulaire ou octogone (Schmit). C'est dans un sens analogue que les anciens auteurs anglais entendent le mot *pendent*, quand ils veulent indiquer par là les naissances et les pénétrations des voûtes, au-dessus des piliers ou des corbeaux. C'est ainsi qu'on lit, à propos de la charpente arquée de l'église de Fotheringhay (*Monasticon*, III) : « Les piliers et les chapiteaux sur lesquels doivent reposer les arcades et les pendentifs (*pendants*)…. doivent être entièrement en pierre de taille. » Cf. Viollet-Leduc, v° *Pendentif*.

PERCHE, *verge*. V. Console, tore, fut. Cf. le *Glossaire* de Parker, v° *Shaft* (note), et la note 2 de la p. 78 du vol. I des *Motifs*.

PIÉDESTAL (**Footstall**). Dé ou socle, plinthe ou soubassement d'un pilier (V. Schmit). V. Bénitier.

PIERRE DE TAILLE (**Free-stone**). Pierre de construction, équarrie et préparée (*ashlar*; V. Moellons piqués); pierre d'une dimension et d'une qualité qui la rendent propre à être employée dans la maçonnerie. — Vitruve : *Lapis quadratus.*

6.

PIERRE DE TOUCHE (**Touch-stone**). Marbre basaltique de couleur sombre, dont on faisait autrefois un grand usage pour les pierres tombales. V. *Weever's Funeral monuments*, etc. (Ital. *pietra di paragone*; lat. *index* : VITRUVE).

PIERRE TOMBALE , *pierre sépulcrale*, *pierre tumulaire* (**Ledger, ligger**). Pierre plate, rectangulaire, recouvrant une tombe. V. POUTRE, SEUIL.

PILIER (**Pillar**). Le pilier, dit excellemment M. Viollet-Leduc, appartient à l'architecture du moyen âge. « Les Grecs et les Romains n'élevaient pas, à proprement parler, de piliers, car ce nom ne peut être donné à la colonne, non plus qu'à ces masses épaisses et compactes de blocages qui, dans les grands édifices romains, supportent et contre-butent les voûtes. » Les piliers d'abord de force médiocre, prirent des formes et des dimensions nouvelles, lorsque les vaisseaux des églises furent couverts de voûtes au lieu d'être simplemen surmontés de charpentes. Il fallut augmenter le diamètre des piliers, puis grouper plusieurs colonnes, puis cantoner de colonnes engagées les piliers à section carrée; enfin, vers le milieu du XIIe siècle, le pilier ne fut plus que le dérivé de la voûte ou de la pression agissant sur lui, ce qui constitue un système de structure entièrement nouveau. (*Id.*). Les anciens écrivains donnent également le nom de *piliers*, dans les descriptions des églises et des autres édifices, aux supports isolés formés de groupes de colonnettes, comme à Salisbury, à St-Georges de Windsor, etc., ou constituant de simples massifs de pierre, comme à Durham et à St-Alban's. Les modernes se sont montrés moins exacts, en appliquant le terme *colonne* à l'architecture du moyen-âge. V. Colonne. On appelait aussi *piliers*, *piliers butants*, les contre-forts (V. ce mot); le terme *pillar* est encore employé en ce sens par les maçons du nord de l'Angleterre.

PINACLE (**Pinnacle**); lat. *pinnaculum* (**pynnakyll**, *pinna*, *pinnaculum*. Ms. M.), de *pinna*, créneau (V. Antony Rich). Le pinacle est le couronnement (*finoison*, XIVe siècle) d'un contre-fort, d'un point d'appui vertical, plus ou moins orné et se terminant en cône ou en pyramide (Viollet-Leduc, v° *Pinacle*). Une *flèche* n'est elle-même qu'un grand pinacle. On lit dans W. de Worcester, p· 241 : « *Pinnaculum sive spera.* » V. Flèche. La description du palais de Richmond (1649) représente cet édifice comme « orné de divers pinacles couverts en plomb » : il s'agit des coupoles qui s'élevaient au-dessus des tourelles. V. les *Vetusta monumenta*, vol. II, et les planches annexées à la dite *Description*.

PLATE-FORMES *de comble* (**Wall-plates**). « Pièces de bois plates assemblées par des entretoises ; en sorte qu'elles forment deux cours ou rangs, dont celui de devant reçoit dans des pas entaillés par embrèvement, les chevrons d'un comble, et qui portent sur l'épaisseur des murs. Quand ces plate-formes sont étroites, comme sur de médiocres murs, on les nomme *sablières* » (Daviler). Cf. Otte, fig. 121, n° 6. William de Worcester, décrivant la *Divinity school*, à Oxford, précisément au temps de l'achèvement de cette belle construction, en donne les dimensions : « *in altitudine à fundo usque ad superiorem* Walplate *de free-stone* (pierre de taille) 80 *pedes.* » *Itin.* p. 282. N. B. C'est là une grande exagération, même si l'auteur a tenu compte de la profondeur des fondations. N'y a-t-il pas là quelqu'erreur de la part des éditeurs?

PLÂTRE. Les *Records of St-Stephen's Chapel* appellent **prynt** ou **print** (litt. empreinte, impression) un ornement d'architecture moulé en plâtre. Cette splendide chapelle de St-Étienne possède plusieurs riches *corbeaux* (V. ce mot) ainsi obtenus par voie de coulage.

PLEUREURS (*statuettes de*), **Weepers.** On donne ce nom à de petites statues d'enfants ou d'amis placées sur les côtés d'un tombeau, autour de la figure principale. Il fut stipulé que le tombeau de Richard, comte de Warwick, aurait « XIV images (V. ce mot) sculptées (*embossed*) de *lords* et de *ladyes* en divers costumes, dites de pleureurs (*weepers*), debout dans des niches (*housings*; V. NICHE). » *Dugdale's Warwick*; *Arch. antiq.*, IV. Les *pleureurs* avaient généralement à côté d'eux leurs armoiries, ce qui servait à faire reconnaître chacun d'eux. Cette coutume prit naissance au XIVe siècle et certains tombeaux prouvent qu'elle subsista jusqu'au règne de Charles I. — Sur les tombeaux de *Burgherst*, à Lincoln, Édouard III et les princes ses fils figurent comme *pleureurs*, chacun avec ses armoiries au-dessus de son image. V. GOUGH, *Sep. monuments*, et WEEVER, *Funeral monuments*.

PLINTHE (**Earth-table**). La première assise visible d'un édifice, au niveau du sol (W. de Worcester, *Itin.*, p. 282, etc.) V. AMORTISSEMENT. On dit aussi quelquefois *ground-table*, socle. N. B. Selon M. Otte, *ground table stones* désigne l'assise de pierre qui s'élève immediatement au dessus de la plinthe. — *Plinthe* vient du grec πλίνθος, brique, de l'usage où l'on était de placer des briques ou de carreaux de terre cuite sous les moulures des bases de colonnes.

POINÇON (**King-post**). « Pièce de charpente verticale qui reçoit les extrémités supérieures des arbalétriers d'une ferme ou les arêtiers d'un pavillon et d'une flèche. » (VIOLLET-LEDUC). V. le vol. I des *Motifs*, p. 57.

POINTE (**Cusp**, du latin *cuspis*, pointe de lance, de javeline, etc.). Terme moderne employé pour désigner les segments de cercle ou *saillants* qu'on trace dans les compartiments pour former des trèfles, des quatre-feuilles, etc., ou qui se détachent à l'intérieur des ogives, au sommet des portes ou des fenêtres, etc. Les Allemands disent *nez* (NASE), par une analogie facile à saisir : quelques écrivains français ont adopté ce dernier terme. — William de Worcester, décrivant l'église de Redcliffe, à Bristol, *Itin.*, p. 268, dit que « la porte occidentale est ornée (*fretted*) à sa partie supérieure de grandes et de petites subdivisions (*gentese*) et remplie de ciselures délicates (*entayle*), avec une double moulure d'un magnifique travail. » Bien que le terme **Gentese** ne se rencontre nulle part ailleurs que dans ce passage, on ne saurait douter que l'auteur n'y ait attaché un sens très-précis, quand on voit avec quel soin minutieux il détaille les ornements de cette porte, ceux de l'église St-Etienne, etc., soin qui n'a été égalé par aucun autre écrivain d'une date si reculée. D'autre part, il s'agit d'une œuvre de *Benet le Franc-Maçon* (V. p. 220); or, il est assez naturel de conclure que le terme en question, aussi bien que d'autres, faisait partie du vocabulaire technique des francs maçons constructeurs des édifices décrits par notre auteur. La *gentese* répond aux membres d'architecture que les modernes ont appelé *pointes* (Cusps) ou *nes*. En vieux français, on appelait *gente* (nous appelons encore *jante*) une pièce de bois courbée faisant partie du cercle d'une roue: (ce cercle ou bord extérieur est formé par l'assemblage des jantes). Il n'y a, ce semble, qu'un pas de là aux *pointes* ou à la *gentese* de l'architecture gothique.

POITRAIL (**Brest-summer, Bressumer, Summer-tree**), poutre ou forte pièce de bois équarrie, posée sur des montants ou piédroits, et destinée à porter un mur de face (terme équivalent au latin *trabs*, de Vitruve).

POMME (**Pomel**). Boule, balle, ornement plus ou moins sphérique couronnant un pinacle, une tour, etc. — *Pommeau*, en général.—Les anciens documents concernant la cathédrale de Lincoln donnent le nom de *pomel* (Pomellum) à la grosse boule de cuivre qui surmonte une flèche (en charpente) de cette église.

PORTE-COULISSE (**Portcullis**). Lourde pièce d'assemblage de bois et de fer, glissant dans des rainures creusées en *coulisses* dans les jambages d'une porte, pour ouvrir ou fermer l'entrée d'une ville, d'un château-fort, etc. Synonyme de *herse* (V. ce mot). « En termes de blason, dit M. Littré, un château *coulissé* est celui dont la porte est garnie d'une herse. » Cet ouvrage de défense porte encore le nom de *sarrasin*, ce qui fait croire que les Occidentaux en apprirent l'usage pendant les croisades.— N. B. Le Dr Johnson, le grand lexico-

graphe, a été particulièrement malheureux dans ses
recherches sur l'étymologie de *portcullis*; il essaie de le
faire venir du latin *porta clausa*. Le vieux mot français,
qui s'explique de lui-même, résout tout naturellement
la question.

PORTRAIT (**Portraiture**). Image peinte ou sculptée
à la ressemblance de quelqu'un. Le vieux mot *portraiture* s'employait aussi pour désigner le modèle que
l'artiste avait à imiter. Le tombeau du comte de Warwick dut être exécuté « conformément à une *pourtraic-
ture* » (*Dugdale's Warwickshire*). S'agit-il dans ce passage d'un dessin ou d'un essai modelé?

POTEAU (**Post**). Poutre, pièce de bois posée vertica
lement dans une charpente. V. POINÇON, FAUX-POINÇON.

POUPPE *poupée*. (**Poop**, *poppie, poppy, poppy-head*),
ital. *poppa*, du lat. *puppis* (poupe de navire), est un
ancien terme désignant l'ornement terminal des cloisons
qui séparent l'une de l'autre les stalles d'un chœur; on
y figurait des têtes d'hommes ou d'animaux, des touffes
de feuillage, etc. (OTTE). « Pour mémoire, il a été convenu avec *Cowel Clerke*, pour la confection des pupitres à la bibliothèque (de Christ Church, à Oxford),
qu'il serait payé la somme de XVI... pour les faire
exécuter dans la manière et dans la forme de ceux du
Collége de la Madeleine, sauf les têtes ou pouppes
(POPIE heeds) à placer sur les côtés. » Ainsi s'exprime
un contrat publié par Hearne, d'après « *The antiq. of
Glastonbury.* » Il s'agit des extrémités élevées des
siéges, qu'on ornait de *pouppes*, comme on ornait de
pommes, de *fleurons*, et de *crétes* (V. ces mots), dans

les églises, le haut des stalles du chœur. « Cf. Parker, V° *Poupée*.

POUTRE (**Dormant-tree**). Solive, sommier, grosse pièce de bois servant de support à un plancher, etc. , et dont les extrémités reposent sur les deux murs latéraux d'une salle. La *poutre* et la *poutrelle* ne se distinguent l'une de l'autre que par le volume ; celle dont l'équarrissage est au moins de 31 centimètres prend le nom de *poutre* (Schmit). On trouve le terme anglais *ledger* ou *ligger* employé dans le sens de *poutre* (V. *Records of Louth steeple*, dans les *Arch. antiq.*, vol. IV. Cf. Pierre tombale , Seuil).

PRESBYTERIUM (**Presbytery**), du grec πρεσβυτέριον, assemblée de prêtres. V. Abside. Quelquefois on réservait le nom de *presbyterium* pour le chœur proprement dit; mais le plus souvent on désignait par là toute la partie orientale des cathédrales ou des grandes églises , c'est-à-dire non seulement le chœur, mais son pourtour et les chapelles qui y étaient pratiquées. A proprement parler, le *presbyterium* ne comprenait cependant que les parties de l'église exclusivement à l'usage du clergé. Notre mot *presbytère* a un tout autre sens : à la campagne, il se dit de la demeure d'un curé ; du temps de Daviler, on appelait ainsi , à Paris , « une maison près d'une église paroissiale , où logent et mangent en communauté les prêtres habitués qui la desservent. »

QUADRANGLE (**Quadrant**). Cour rectangulaire enfermée dans des bâtiments : préau d'un cloître. V. l'ordonnance de Henri VI et d'autres anciens documents.   Cf.

Parker, *Glossary of Archit.* Oxford, 1850, in-8°, v° *Quadrangle*). — V. YARD.

QUATREFEUILLE , QUINTEFEUILLE (**Quatrefoil , Cinquefoil**).

Ornements d'architecture composés de quatre, de cinq contre-lobes et offrant l'aspect de trèfles ou de fleurs à quatre ou cinq feuilles, d'où leur nom. Ces termes sont modernes. Dans les vieux documents, les *quatrefeuilles* sont appelés *quarters* ou *katurs*. V. PARKER. Cf. ORBE.

REINS DE VOUTE. V. SPANDRIL.

RÉSEAU , *broderie, tracé, tracerie* (**Tracery**).

Les modernes ont donné ces noms aux dessins formés par les courbures variées (*tracing*) et l'entrecroisement des meneaux, dans la partie supérieure d'une fenêtre ; ils les appliquent aussi aux ornements compliqués d'une voûte, d'un écran, etc. ; enfin TRACERIE (*tracery*) est quelquefois synonyme d'ouvrage *fretté* (fret-work) ; V. FRETTE. — « La *tracerie* (ou le *réseau*) en pierre de la fenêtre occidentale, aussi bien que le vitrail (*glasing*), est un don de sa très-sacrée Majesté présentement régnante ; c'est un curieux morceau d'art, et qui commande l'attention. » (Dr PLOTT, à propos de la cathédrale de Lichfield : *Natural History of Staffordshire*, 1686, p. 361). Dans les documents concernant la construction de la chapelle de St-Etienne, les mots *trasura* et *intrasura* reviennent plusieurs fois, mais avec la signification de modèle ou de *dessin* à copier par les ouvriers. V. *Smith's Westminster*, p. 112. COTGRAVE : « *Trasser* ou *tracer*, dessiner (*to draw or trace*). » — Sir Christophre Wren paraît s'être servi le premier du mot *tracery*, qui pourrait bien n'être, malgré l'analogie signalée avec le verbe *tracer*, qu'une corruption de l'*opus* INTERRASILIS ou *opus triforiatum* des artistes du moyen-âge, expression surtout en usage dans l'orfèvrerie, etc., pour désigner des plaques de métal travaillées à jour (PARKER, v° *Tracery*).

RESSAUT (**Ressault**). 1. Avant-corps (s'applique plutôt aux parties de moindre importance, comme aux pilastres). 2. Brisement des lignes verticales qui deviennent un moment obliques ou horizontales, pour reprendre ensuite leur ascension perpendiculaire. *Ressaut* est alors synonyme de *redent*; mais il y a cette différence que le ressaut est toujours en saillie sur un nu, tandis qu'un redent horizontal n'est qu'une sorte d'entaille, de feuillure, au moyen de laquelle une partie est en retrait sur une autre (BERTY). — Etym. *Resaillir*, saillir de nouveau.

RETABLE (**Retable, reredos, lardose**). « Le retable étant un dossier posé sur une table d'autel et formant ainsi, devant le célébrant, une sorte d'écran, les retables ne furent donc placés sur les autels principaux qu'à dater de l'époque où les chœurs et les siéges épiscopaux s'établirent en avant, et non plus autour de l'abside; et même alors, dans les cathédrales du moins, le retable ne fut guère admis pour les maîtres-autels. » (VIOLLET-LEDUC). Quatremère de Quincy verse dans une erreur manifeste, quand il définit le retable « la décoration d'un *autel adossé* : les autels n'étaient pas et ne devaient pas être adossés. Les retables étaient souvent mobiles, en orfèvrerie ou en bois, quelquefois recouverts d'étoffes (V. le *Dict. du Mobilier*, de M. VIOLLET-LEDUC). — Le terme anglais *reredos* (en fr. *arrière-dos*) ne signifie pas seulement un dossier d'autel, *altar-piece*; il s'entend aussi d'un *écran* (V. ce mot) et du contre-cœur d'une cheminée. Enfin, M. Otte l'applique à l'âtre de ces grandes cheminées qu'on voyait au milieu des anciennes salles, surmontées d'un *louvre* (V. ce mot), et dont on trouve encore de beaux exemples dans la salle commune (*common hall*) de l'hôpital de la Ste-Croix, près de Winchester, et à Pinshurst, comté de Kent. V. W. de Worcester, *Itin.*, p. 242, 292, 294. — L'ordonnance de Henry VI mentionne « le retable (*reredosse*) du maître-autel » de la chapelle d'Eton, et plus loin, » un retable (*reredos*) portant un Christ en croix et placé entre le chœur et la nef. » Par la description de l'Angleterre, placée à la tête des chroniques de Holingshed, nous apprenons qu'autrefois, avant que l'usage des cheminées se fût répandu dans les maisons ordinaires, « chacun faisait son feu contre un *reredosse*, dans la salle à manger. » Sur l'introduction des cheminées en Angleterre, V. Whitaker, *Hist. of Manchester*. Le foyer dressé contre un *dossier*, retable ou *reredos*, de la façon rapportée par Holingshed, était encore à la mode, il n'y a pas si longtemps, dans les highlands d'Écosse. — Dans la chapelle de Beauchamp, des retables en bois (*reredosses of timber*) furent commandés aux charpentiers, pour être placés derrière les siéges. — *Lardose, laerdose*, paraît venir de la même source que *reredos*. On donnait ce nom au magnifique écran qui formait le dossier du maître-autel de la cathédrale de Durham, appelé aussi la pierre française (*the French pierre*), parce que John, lord Nevele, l'avait effectivement fait construire (1380) avec des matériaux venus de France. *Rites and Monuments of Durham*, in 12. — Que veut dire *soursadel-reredos*, dans le devis des frais de construction de la chapelle royale de St-Étienne (devenue la Chambre des communes)? V. Smith, *Antiq. of Westminster*, 1807, in-4°.

ROND (**Round**). Ce mot s'applique à une tour, à une tourelle, à tout édifice, dont le plan est circulaire ou même régulièrement polygonal; l'appartement ou le cabinet qui se trouve à l'intérieur reçoit la même désignation.

ROSE (**Rose-window**). Fenêtre circulaire d'un grand diamètre, divisée en compartiments par des meneaux. Les roses dont les meneaux droits rayonnent du centre à la circonférence, rappelant ainsi la forme de roues, sont quelquefois appelées *Roues de Ste-Catherine* (V. le v. II des *Motifs*, descr. de la pl. XXVII): par exemple, celle d'York, celles de l'abbaye de Westminster, etc.; on leur donne encore, en Angleterre, le nom de *Marygold-windows*, à cause de leur ressemblance avec le *souci*, MARYGOLD, fleur consacrée à la Vierge Marie. Beaucoup de cathédrales de France ont une rose à l'extrémité occidentale de la nef, ce qui est sans exemple en Angleterre; mais les *fenêtres de pignon* (*gable-windows*; V. GABLE) d'un grand nombre d'églises de cette dernière contrée, peuvent hardiment soutenir la comparaison avec les plus belles *roses*. — La rose n'est très-probablement que le développement de l'*oculus* de l'ancienne basilique chrétienne (V. ŒIL). Jusqu'au milieu du XIIᵉ siècle, elle n'a qu'une faible ouverture, et est dépourvue de châssis de pierre; à partir de là, elle s'élargit progressivement, jusqu'à embrasser toute la largeur de la nef. Au XIVᵉ siècle, les meneaux ne

sont plus toujours convergents ; au XVe , les lignes
ondulées se mêlent aux lignes droites, et bientôt, dans
le style flamboyant , celles-ci finissent par disparaître
tout-à-fait. — L'école normande, comme l'école anglaise,
se montre très-avare de *roses* ; cependant celles de la
cathédrale de Rouen et de l'église de St-Ouen (même
ville), peuvent être citées parmi les plus remarquables.
(V. les *Antiq. archit. de la Normandie*, pl. XLII, etc.).
V. VIOLLET-LEDUC , V° *Rose*.

SARCOPHAGE (**Trough**). *Trough* est un vieux terme
désignant un cercueil creusé dans un bloc de pierre ou
de bois ; on le trouve quelquefois employé , par corruption, au lieu de **Through** (pron. *Thruff*), couvercle d'un
cercueil de pierre, pierre tombale (usité dans le Nord) :
le *Centry-garth* de Durham contient beaucoup de belles
pierres sépulchrales, *fair through-stones* , formant les
tombes des prieurs et des gentilshommes qu'on y a
inhumés. (*Antiq. of Durham*, in-12). L'aile occidentale
de la cathédrale de Chester est appelée « *the trough
aile*, » dans un ancien plan dressé peu de temps après
la suppression de l'abbaye (*Lyson's Magna Brit.*).
V. PARKER , V° *Trough*. Cf. PARPAING.

SCULPTURE D'ORNEMENT (**Entail**; cf. le fr. *entailler*
et l'ital. *intaglio*). Les anciens artistes anglais se servaient beaucoup du mot *entail* pour désigner les ornements sculptés d'une exécution fine et délicate. V. l'ordonnance de Henri VI, *Records of the Beauchamp
Chapel, Warwick*, etc.; *Arch. antiq.*, vol. IV ; *Itin.
W. Worcester*, etc. — Dans le contrat passé pour les fournitures du *marbrier*, destinées au tombeau de Richard,
comte de Warwick, il est stipulé que les parties unies

du monument seront payées d'un prix convenu d'après
leurs dimensions; mais que les exécuteurs testamen-
taires du défunt auront plein pouvoir de déterminer la
somme à consacrer aux sculptures (*entailing*). De là,
deux faits nous sont acquis : 1° Le mot *entail* désignait
les ornements sculptés les plus fins; 2° Les artistes de
cette époque avaient coutume de fixer le prix de ces
ouvrages exceptionnels d'après le temps employé pour
les achever, et ce, en raison du degré de délicatesse
qu'ils mettaient dans leur travail, d'après la volonté de
ceux qui leur faisaient des commandes. L'existence de
cette pratique est démontrée par plusieurs exemples
anciens; c'est ainsi que, dans le monument de l'évêque
Flemyng, à Lincoln, on observe que les vêtements de la
statue sont finement *entaillés* du côté de l'entrée de la
chapelle, tandis que, de l'autre côté, ils sont restés sans
broderies. Nos artistes modernes pourront mettre cet
avis à profit.

SEUIL (**Sill, Gill; Sole, Soyle, Sule; Dearn, Dern**).

« Pierre ou pièce de bois qu'on met au bas d'une baie
de porte, entre ses montants ou piédroits, et qui
n'excède pas son embrâsure. » (Schmit). *Dearn* ou *dern*
est surtout usité dans les comtés du Nord de l'Angleterre; on en a tiré le verbe *to dern*, céler, renfermer.
Sole s'entend en général du sol (lat. *solum*), du niveau
inférieur d'une construction; il désigne aussi, de même
que *sill*, l'appui d'une fenêtre, souvent moins épais que
le restant de la muraille (dans l'architecture domestique),
de manière à permettre de placer des siéges dans l'ebra-
sement. La partie du mur située au-dessous d'une fenêtre
ainsi disposée reçoit en français le nom d'*allége*. —
Ground-sill est proprement le seuil d'une porte (*hypo-*

thyrum, limen). — V. Parker, v° *Sill*. On disait aussi quelquefois *ledger* ou *lidger*. V. Pierre Tombale.

SOUSE **Souse**). Ce terme se rencontre dans les contrats passés pour les travaux à exécuter à Westminster-Hall (*For* reforming *W. H.*), en 1395. Il paraît se rapporter aux *corbeaux* (V. ce mot) qui supportent les arcs en charpente du comble. V. *Motifs*, vol. I, pl. XXXII, XXXV (M. Parker se rallie à cette interprétation). Ce mot doit venir de la préposition française *sous* (à la base de). La citation suivante, reproduite en langage du temps, mettra le lecteur à même de se former une opinion :

1. « Et ent ont aussi les ditz masons empris, de faire vingt et sys *souses* en la dite sale de pere de mare (pierre de marbre; ou pierre travaillée, de *marre*, noyau, pierre de taille?).

2. Et depesseront le mure, pur les ditz *souses* y mettre à leur coustages demenes (à leurs propres frais).

3. Et les ditz *souses* bien et convenablement, chascun en son lieu mettront.

4. Et ferront chescun *souse* d'entaille (sculpté; V. Sculpture) selone le purport d'une patron a eux monstrée par le tresorer.

5. Empleront chescun spaundre (V. Spandril), evesque pere de Reigate sciez, de chescun *souse* aval, tanque a l'arche paramont.

6. Preignant pur chescun *souse* issint faite, par survene des ditz meistre Henry et Watkin, son wardein, vingt souldz. » *Rymer's Fœdera*, VII, 794.

N. B. Cotgrave définit *Souste* : un soutien, un tréteau en bois. Dans les documents concernant la chapelle de St-Étienne, on trouve plusieurs fois le mot **Source**, encore inexpliqué ; il y a lieu de le regarder comme l'équivalent de *Souse*.

SPANDRIL, **Spaundre**, **Splandrel**. Ce terme anglais, aussi employé dans de vieux documents rédigés en langue française (V. Souse), n'est jamais tombé en désuétude, et pourtant sa signification précise est encore mal déterminée. Rees (*Cyclopœdia*) le définit : « l'espace compris entre la moulure extérieure d'une arcade, l'imposte et le membre horizontal qui sert de couronnement. » C'est à ces triangles que les architectes français donnent le nom de *reins de voûte* ; le *spandril* est proprement le parement des reins d'un arc, ou, comme disent les architectes modernes, le *tympan de l'arc* (V. Berty, v° *Reins de voûte*. Cf. le vol. II des *Motifs*, descr. de la pl. XIV, *note*). — Du latin *expando*, étendre ; peut-être de *spondylus*, jointure, vertèbre, en français *spondyle* (deuxième vertèbre du cou), les *spandrils* formant le dos, les *reins* d'une arcade. — V. Parker, v° *Haunch*.

STALLE, *forme* (**Stall**). Sorte de fauteuil en bois pour un clerc, dans le chœur ou le chancel d'une église. Quand il y avait deux rangs de stalles dans un chœur, on les distinguait en *prima* et *secunda forma*. Les stalles étaient séparées les unes des autres par des cloisons. V. Cloison, Parclose. Cf. Berty, v° *Stalle*.

TABERNACLE, *tabernaculum* (Ps. 42,3), **Tabernacle**. 1. Stalle ou niche surmontée d'un dais, pour une statue (V. Dais, Niche). 2. Dais élevé ou baldaquin, au-dessus d'un tombeau. 3. Châsse ou reliquaire, coffret. — N. B. Les auteurs français n'emploient guère le mot *tabernacle*, que pour désigner la *tente* ou *pavillon* des Hébreux (« Retourne, Israël, dans tes *tabernacles*. » Acad.) , ou , par excellence, la tente où reposa l'arche d'alliance, pendant le séjour au désert ; et en parlant du culte catholique , que pour signifier le petit coffret placé sur la table de l'autel, et contenant le Saint-Ciboire. — Comme exemples des autres acceptions admises par les anciens écrivains anglais , M. Willson cite les vers de Chaucer insérés ci-dessus à l'article Image ; « *Tombes upon tabernacles* » (des *timbres* [V. ce mot] sur des tabernacles) ; un passage du *Crede* de P. Plowman : « Tabernacula *cum reliquiis* » (*Inventaire de l'argenterie et des joyaux conservés dans la cathédrale de Lincoln*, 1530. *Monast. Anglic.* III, 273) ; enfin un extrait du même *Monasticon*, où on lit : « *Imprimis.* Un *tabernacle* d'ivoire, avec deux platines, charnières (*gemmels*) et ferrure d'argent, contenant le couronnement de Notre-Dame. »

TABLE (**Table**). Surface plate, membre plat d'architecture ; planche. *Table feuillée*, renfoncée dans le mur ; *table en saillie*, le contraire de la précédente : *table d'autel*, surface supérieure de l'autel ; *table de dessus d'autel*, retable (V. ce mot) ; *table de dessous d'autel*, antipendium, devant d'autel, etc. V. Plinthe (*Earth-table*, *ground-table*), Banc (*Bench-table*). On appelle *water-table* une projecture horizontale en biseau, destinée à faciliter l'écoulement des eaux de pluie et à les éloigner de la façade ; *corbel-table*, une corniche ou un parapet reposant sur des corbeaux (V. ce mot), etc., etc.

TAILLER (**Char** ou **Chare**). « Se dit en architecture de l'opération consistant à dresser, équarrir et pare-

7.

menter une pierre, une pièce de bois, à y découper des moulures, ou à lui donner la figure et la forme nécessaires pour entrer dans la construction d'une muraille, d'une colonne, d'une balustrade, d'une charpente. *Tailler* se prend aussi pour sculpter. On dit : *tailler* des ornements, *tailler* une figure dans la pierre, ou dans le marbre » (Schmit). — L'ordonnance de Henry VI stipule que la chapelle du nouveau collège fondée par ce prince, doit être « *vaulted and chare-roffed,* » c'est-à-dire : voûtée et... ? Que signifie *chare-roffed* ? Nichols (*Royal and Noble Wills*, in-4°, p. 302), laisse ce dernier terme sans explication. M. Dallaway avance assez étrangement que *chare-roffed* doit s'entendre de l'espace vide laissé entre la voûte et la toiture de l'édifice. » *Observations sur l'architecture anglaise*, p. 174. La vérité est tout simplement que la voûte dont il s'agit devait être construite *tout entière* en pierres taillées, tandis que, dans beaucoup de cas, on se contentait d'employer ces pierres pour les nervures, les intervalles étant comblés au moyen de pierres brutes, recouvertes d'un enduit de plâtre. V. les *Antiq. Architect.*, vol. I.

TIRANT (**Collar**, **Wind-beam**). Poutre horizontale, placée transversalement entre les pannes, pour renforcer la toiture et lui permettre de mieux résister aux efforts du vent. V. *Motifs*, vol. I, p. 58.

TORE (**Boltel,** et par corruption, dans les anciens auteurs, **Bowtel, Boutel,** etc.). 1. Wm. de Worcester donne le nom de *Boltels* (V. fr. *perches* ou *verges*) aux minces fûts (V. ce mot) d'une colonne formant faisceau, en les comparant à des bois de hallebardes ou de javelines (**Bolts**). V. Fut. 2. Les colonnettes adossées aux jambages des portes, des fenêtres, etc., sont aussi des *boltels* (Cf. *Motifs*, vol. I, pl. 50 et page 73). 3. Enfin ce vieux terme anglais, correspondant au *torus* des architectes italiens, s'applique à toute moulure ronde. — Les retables (*reredosses*) ou écrans (*screens*) placés derrière les stalles, dans la chapelle de Beauchamp (Warwick) durent être surmontés d'une corniche (*crest*) de fine sculpture, avec un tore ou *boutel* courant « le long de la dite corniche. » Dugdale, *Antiquités du Warwickshire: Antiq. architect.* IV. 11. — Le tore dont il est question dans cette citation est une moulure cylindrique en forme de bâton, placée horizontalement au-dessus de la crête feuillagée de la corniche, pour en préserver les parties délicates. Il fut ordonné que les fenêtres de la nef de l'église de Fotheringhay « seraient semblables de tous points à celles du chœur (*Quire*), à cette seule différence près, que toutes n'auraient pas des *bowtels*. » Monast. III, 162. — N. B. Le *tore* n'a guère été employé par l'architecture antique que dans la base de ses colonnes. L'architecture gothique, en lui donnant jusqu'aux deux tiers du cercle, en a fait une de ses moulures favorites ; elle en forme ses archivoltes, ses nervures, ses meneaux, ses trèfles, les faisceaux de ses piliers. Le *tore* finit même ici par remplacer la colonne (Schmit, p. 455). — *Torus* veut dire littéralement *câble*.

TOUR CENTRALE, CLOCHER CENTRAL (**Rood-tower, Rood-steeple**).

Tour ou clocher s'élevant au point d'intersection des branches d'une église cruciforme, c'est-à-dire entre les deux transsepts. Les tours centrales de l'époque gothique sont communes en Angleterre ; elles disparurent à peu près du continent, au contraire, avec l'architecture romane.

TRACERIE. V. RÉSEAU.

TRANSSEPT, *transept* (**Transept,** du lat. *transseptum*). « Ce mot a deux sens : il signifie d'abord toute la nef transversale (*cross-aile*) qui croise à angle droit le vaisseau d'une église, séparant la nef proprement dite du chœur, et donnant à l'ensemble de l'édifice la forme d'une croix ; il signifie ensuite chacune des deux parties extrêmes de cette nef transversale. Dans le premier cas, transsept a pour synonyme *croisée* ; dans le second cas, *branches de croix* et *croisillons* » (BERTY). M. Willson signale la même confusion : quelques écrivains anglais appellent transsept toute la nef transversale ; d'autres, tels que Gough. Warton, etc., parlent d'un *transsept Nord* et d'un *transsept Sud*, ne désignant conséquemment par transsept qu'une branche de croix. Pour faire cesser cette confusion, M. Berty propose de n'entendre le mot *transsept* que dans le premier sens, d'appeler *croisillons* les deux extrémités de la nef transversale, et de réserver le terme *croisée* pour caractériser l'espace carré résultant du *croisement* de la nef et du transsept. Cette nomenclature est rationnelle, mais n'est pas encore généralement adoptée. Il faut faire observer, au surplus, que le terme *transsept* est moderne : les anciens écrivains disent *Crux, cruces* ; dans un passage cité par Ducange, *la Croisade* (V. PARKER). Leland emploie à plusieurs reprises la forme latine *transseptum*. William de Worcester dit ordinairement *brachia* (les bras) ou « *the Crossele* » (la nef transversale). Ibid. 290, 292, etc. —

Dans la *Description of Elgin Cathedral* (GROSE , *Antiq. of Scotland* , vol. II), le transsept est nommé **Traverse** (V. ce mot . « Il y avait des portiques (ou *to-falls* , constructions annexes; on disait aussi *lean-to;* V. PARKER) de chaque côté de l'église, à l'Est de la *traverse* ou croix. » Dans la table des dimensions de la même église, on lit : » Longueur de la *traverse*, prise à l'extérieur , 114 pieds » (*Ibidem*).

TRAVÉE. « C'est un rang de solives posées entre deux poutres dans un plancher. Ce mot vient du latin *trabs* , une poutre , ou plutôt de *transversus*, qui est en travers, comme sont les solives , entre deux poutres. Lat. *Intertignium* » (DAVILER). Quand on parle des édifices du moyen âge, on appelle *travée* (**Bay**) chacune des principales divisions d'une nef , d'un cloître , d'une galerie quelconque, qu'elles soient marquées par des piliers , par des pilastres , ou par les formes principales des combles , etc. Cf. BERTY , PARKER , etc. V. BAIE , et pour des exemples , les *Antiq. arch. de la Normandie*, pl. 9. 10 , 14 , 15. 16 , 32 , 33 , 40 , etc.

TRAVERSE (**Transom**). Litt., pièce de bois mise en travers (**trans-summer**); on donne le nom de *transom*, par exemple , en anglais , au linteau d'une porte. — La *traverse* d'une fenêtre est le barreau horizontal de bois ou de pierre qui croise à angle droit les meneaux montants. De là « une fenêtre *à traverses* » (a transom *window*) est une fenêtre divisée en compartiments, non seulement en largeur , mais encore en hauteur. — Le terme **Traverse** s'appliquait autrefois en Angleterre à une galerie ou tribune (*loft*), croisant quelque partie d'une église ou d'une autre grande enceinte. « La *traverse* du roi, dans la chapelle de St-Édouard « (*account of the Coronation of George the second*). — COTGRAVE donne une autre définition : *Traverse*, maison qui avance, qui fait saillie sur les maisons voisines. » — Enfin *traverse* se rencontre dans le sens de *transsept*. (V. ce mot).

TRÈFLE **Trefoil**; lat. *Trifolium*). Ornement trilobé, comme la feuille de la plante qui lui a donné son nom. Il apparaît déjà dans le style de transition, mais évasé, aplati ; « au XIIe siècle, il prend sa forme décidée à pétales arrondies ; *entier*, il se montre dans un œil-de-bœuf, dans une rose de vitrail, il découpe une balustrade, il s'inscrit dans un pignon, etc. ; *tronqué*, il conserve sa place au sommet d'une arcade ; puis il s'aiguise et s'encadre d'une ogive, etc. Au XIVe siècle, le trèfle et le quatrefeuilles se carrent ; au XVe ; ils deviennent curvilignes et se galbent ; au XVIe, le trèfle a presque entièrement disparu. » (SCHMIT). V. QUATRE-FEUILLE. N. B. Ces termes sont modernes, mais très-usités et très-bien choisis.

TREILLIS (**Treillice**). Porte ou écran à jours, en bois ou en métal. « A l'entrée de l'allée du Nord, en venant de la lanterne, on voyait une porte en treillage (*treillice-door*) entre deux piliers, dont les deux battants s'ouvraient et se fermaient comme les panneaux d'un paravent. Au-dessus de la porte il y avait un treillis semblable, élevé jusqu'à la hauteur de la voûte ; et le dit *treillis* était surmonté de pointes de fer longues d'un quart de YARD (V. ce mot), pour rebuter ceux qui auraient voulu tenter l'escalade. » (*Ancient Rites and Monuments of Durham*, in 12.)

TRIFORIUM. « Galerie établie dans les anciennes basiliques, au moins dans les plus importantes, au-dessus des *ailes* (V. le mot) ou *nefs latérales*, et qui étaient occupées pendant les offices, celle de droite par les vierges consacrées à Dieu, celle de gauche par les veuves. Cette disposition fut nécessaire, tant que les monastères n'eurent pas le droit d'avoir une église particulière dans leur enceinte, pour la célébration des Saints Mystères » (SCHMIT). — Ainsi s'explique l'application au *triforium*, par quelques écrivains anglais modernes, du terme **Nunnery**, qui signifie proprement le *chœur des nonnes*. Ce chœur a pu conserver, dans certains couvents de femmes, la position élevée de l'ancienne galerie des vierges. — Plus tard, le *triforium* devint tout simplement une galerie circulaire accessible au public, et d'où l'on assistait d'en haut aux cérémonies du culte (V. *Motifs*, vol. II, descr. de la pl. XLV ; *Antiq. arch. de la Normandie*, p. 15, etc.) Beaucoup de grandes églises, tant romanes que gothiques, ont des *triforia* plutôt destinés à la décoration qu'à l'utilité, puisqu'ils sont quelquefois dépourvus de balustrades, et tellement étroits, qu'on n'y peut voir qu'un passage pour les ouvriers et les gens chargés du service de l'église (SCHMIT). — Le mot *triforium*, introduit par les écrivains anglais dans le langage de l'architecture, signifie littéralement une arcade à trois subdivisions, et qui se répète entre chaque travée dans un certain nombre d'églises. Mais la grandeur et le nombre des arcades des *triforia* sont très-variables. — Le *triforium* est un véritable étage, quoique les arcades n'en soient pas toujours ouvertes ; au-dessus s'élève la *claire-voie* ou *étage à jours* (clerestory). V. CLAIRE-VOIE).

TROMPE (**Sconce**, *Squinch*). Petite arcade ou voûte tronquée et en encorbellement, servant à soutenir une tourelle , des pendentifs de coupoles , etc. — *Trompe dans l'angle,* située dans un angle rentrant ; — *sur l'angle,* placée sur un angle saillant (BERTY). « Quatuor SCONCI de lapidibus ab uno quarterio anguli in proximum ad ligandam speram » (W. de Worcester , *Ibid.* 196, dessin de la tour et de la flèche de l'église de Redcliffe). « Ainsi payé à Nicolas Brancell pour cent pieds de pierres de taille (*achlere*), et pour des *squinches* de 18 pouces de hauteur et de 15 au moins (d'épaisseur ou de largeur?) — *Record of the building of Louthspire. Archæol.* vol. X et *Arch. Antiq.* vol. IV. — La solution des doutes de M. Willson sur les mots *Squinch* et *Sconce* se trouve dans le *Glossaire* de M. Parker , p. 440.

TUILES FAITIÈRES (**Crest-tiles**). « Tuiles de couronnement d'un comble à deux égouts. Ces tuiles sont unies ou ornées, simples ou doublées. Lorsque les faîtières sont ornées , elles composent une véritable crête de poteries plus ou moins découpée sur le ciel. » (VIOLLET-LEDUC, V° *Faîtière*). « Chacun a pu voir comment, sur les toitures en chaume, les paysans forment un large faîtage de boue, dans laquelle ils piquent des plantes grasses pour maintenir la terre et l'empêcher de se dissoudre à la pluie. L'origine des crêtes de comble se retrouve dans ce procédé naïf. » (*Id.* V° *Crête*). — Beaucoup d'anciens toits en tuiles portaient une crête à petits créneaux ou à feuillages , curieusement moulée en terre cuite et vernie : on voit encore çà et là, sur de vieilles maisons , quelques unes de ces tuiles faîtières. La cathédrale d'Exeter a une crête feuillagée sur l'arête supérieure de son toit ; on peut constater, par d'anciens tableaux, que cette sorte de décoration était autrefois d'un usage commun. V. CRÊTE.

TYLICIUM. Terme latin très-rarement employé, désignant une grille de fer, une palissade. « Tylicium ferreum circa feretrum St-Hugonis. » (*Archives de la Cathédrale de Lincoln*).

TYMBRE (**Tymbre**). Ancien terme par lequel les hérauts d'armes désignaient le cimier ou la devise qui surmontait le casque ou heaume d'un chevalier. Segoing (*Mercure armorial*, 1652, in-4º) définit le *timbre* : « Les habillements de teste qui se posent sur l'Escu, » p. 101. — On nommait encore *tymbre* une tourelle élevée au-dessus des combles d'une grande salle (*hall*) et contenant une cloche (*Cotgrave, Glossographia*, etc.). — N. B. On plaçait souvent le cimier de la famille au sommet d'une tourelle, d'une lanterne, etc. ; l'ancienne cuisine de Stanton-Harcourt, près d'Oxford, monument très-connu, offre un exemple de cette sorte de couronnement. La ligne suivante du *Crede* de P. Plowman (V. TABERNACLE) restera tout-à-fait inintelligible, si l'on n'y introduit le mot *tymbre* au lieu de *tomb* : « *Tombs upon tabernacles, tyld upon loff.* » Certainement l'auteur n'a pas voulu dire que des tombeaux étaient posés sur des tabernacles ; mais rien n'est plus vraisemblable que d'y supposer des *tymbres*, des heaumes, des cimiers de famille, comme on en voit, par exemple, à la pl. XXXVIII du vol. II des *Motifs*. (Niche dans la chapelle de Henry VII).

TYPE, *étalon* (de mesures, etc.). Ces expressions se rendent en anglais par *standard*, mot qui signifie aussi *étendard*, et qui s'emploie dans une foule d'acceptions spéciales, dont quelques-unes seulement nous intéressent. *Standard* se dit de tout ce qui est principal, de tout ce qui l'emporte par une qualité quelconque, par le poids, par la masse, par la grandeur ; de tout ce qui peut servir de modèle, de *parangon*, etc. D'anciens inventaires qualifient ainsi les grandes armoires, les larges buffets à portes, les coffres, les bahuts trops lourds pour être facilement déplacés (*a standing-press*, *a standing-chest*). Un grand chandelier à plusieurs branches et à large base, comme on en voyait jadis dans beaucoup de grandes églises, s'appelait *standard*, en quelque sorte *stable*, *établi*, non destiné à changer de place, à cause de son poids et du volume de sa base. Robert Hare, administrateur de l'hôpital de Donyngton, légua, par son testament daté de l'an 1500, « à la chapelle du dit Donyngton, deux grands candelabres (*standards*) de cuivre (*latin*, V. LAITON), pour être placés devant le grand autel de Jésus. » (*Lyson's Magna Britannia :* Berkshire). N. B. Guild-Hall, la salle d'assemblée de la corporation de Londres, s'appelait communément autrefois la salle des *standards*.

VIDIMUS. Ce terme se rencontre dans quelques contrats relatifs au vitrage des fenêtres de la chapelle du Collége du Roi, à Cambridge ; il se rapporte évidemment à un *carton*, ou dessin d'après lequel la peinture devait être exécutée. « Conformément à de tels modèles, autrement dits *vidimus*. » V. deux de ces contrats, dans l'appendice des *Anecdotes of painting*, de Walpole ;

vidimus y est répété trois ou quatre fois. — N. B. Le *carton* en question peut avoir été appelé *vidimus*, parce qu'il avait été *vu* et approuvé par les personnes contractant avec les artistes, de même qu'on donnait le nom d'*inspeximus* à une charte royale, qui ne faisait que répéter et confirmer une autre charte de date antérieure.

VIGNE. La vigne joue un grand rôle comme motif d'ornement dans la période ogivale, soit comme représentation symbolique de l'Eucharistie, soit par allusion à ces paroles de Jésus : « Je suis une vigne et vous en êtes le bois » (BERTY). De là le terme **Vignette** ou **Vinette,** désignant un ornement sculpté à l'imitation des surgeons et du feuillage d'une vigne. Lydgate, dans son *Boke of Troy*, traduction poétique écrite vers 1414, mentionne, parmi les ornements d'un magnifique édifice dont il embellit l'illustre cité, les « *Vinettes* courant, s'enroulant sur les scoties (*Casements*; V. CAVET). »

VOUTE (**Vawte**, **Vowte**, **Vault**). Plafond cintré, en pierre ou en brique, ou encore en charpente, en plâtre, etc., imitant la maçonnerie. William de Worcester et d'autres écrivains de la basse-latinité traduisent ce mot par *volta*. Leland, plus classique, dit *fornix*. Le fondateur du Collége du roi, à Cambridge, donna ordre d'en « *voûter* » l'église ou *chapelle* (comme on dit communément), ainsi que quelques-unes des constructions secondaires y attenantes ; les salles du Collége d'Eton se firent remarquer par leurs « *voûtes* et par leurs belles fenêtres. » *Ordonnance* (Will) de Henry VI, dans le recueil de Nichols. — Le terme **Pend** désignait une voûte en maçonnerie, mais sans arêtes. » La voûte, du genre de celles qu'on appelle *pend*, est cintrée et recouverte de pierres plates » GROSE. *Antiquités de l'Écosse*, vol. I, 66 (Description de l'église de Seton). Il n'était pas rare de rencontrer, dans la vieille Écosse, des voûtes entièrement construites en pierre. — Le capitaine Grose, décrivant le château épiscopal de Spynie, dans le Morayshire, dit que toute la partie supérieure est voûtée et surmontée d'une **Cape house** entourée d'un crénelage. Quelle peut être la signification précise de ce terme?

VOUTE D'ARÊTE (**Groined roof**). On appelle ainsi la voûte formée ou paraissant formée par la rencontre de deux berceaux qui se croisent ; « ou de quatre lunettes égales » DAVILER). Les lignes saillantes à l'intersection de ces surfaces courbes, sont les *arêtes* (**groins**) de la voûte. — Les voûtes d'arête de la première période gothique et des grandes cathédrales allemandes vues en plan, ont la forme de rectangles ou de carrés croisés par leurs diagonales. On en trouve déjà dans l'architecture romane ; les plus anciennes n'ont pas de nervures, mais seulement des arêtes. Les nervures antérieures au XIIe siècle étaient généralement lourdes et carrées ; on ne commença à les profiler qu'à l'époque de la transition, et en même temps on essaya de construire des voûtes d'arête ogivales à arêtes saillantes (HOFFSTADT, p. 332). — Dans les belles églises d'Angleterre, les voûtes d'arête présentent souvent des combinaisons si complexes et si ingénieuses, que les artistes modernes, privés de l'avantage d'une pratique constante, n'ayant point été mis en possession de l'expérience de leurs devanciers, éprouveraient les plus grandes difficultés, s'ils étaient mis en demeure d'en essayer l'imitation. V. Hoffstadt, p. 331 et suiv.

YARD (**Yard**). Mesure de trois pieds. (V. Brasse). Dans les anciens documents, les dimensions des bâtiments sont généralement calculées en *yards*. — « Un yard, mesure anglaise, compte toujours pour trois pieds. » *(Contract for building Fotheringhay Church.* Monast. III, p. 162). Les dimensions du clocher (**Stepyll**) de la dite église de Fotheringhay sont établis « d'après le *yard* à mesurer, à trois pieds pour chaque yard. » (*Ibidem*, p. 163). — Le nom de *yard* s'applique aussi : 1º à un *chevron* (pièce de charpente) : « *Item*, les chevrons *(yerdys)*, dits *sparres* (all. *sparren*), de la grande salle royale *(hall)*, ont en longueur environ 45 pieds. » *(Itin.* de W. de Worcester ; descr. du château de Bristol) ; 2º à une cour entourée de murs ou d'autres constructions.

N.B. A propos du clocher de l'église de Fotheringhay, il n'est pas inutile d'observer que les vieux documents attribuent généralement aux tours plus qu'ordinaires une hauteur exagérée ; il n'est pas toujours facile de rectifier les erreurs de cette sorte. Les coupes exactes, relevées pour quelques publications modernes sur l'architecture, ont fait reconnaître l'incorrection de plusieurs anciennes notices : le *yard* et même le *demi-yard* sont souvent des mesures vagues. En revanche, la précision de certaines descriptions récentes paraît excessive quand on se place au point de vue des difficultés pratiques : il est assez plaisant de tenir compte d'un demi-pouce dans l'évaluation de la longueur d'une cathédrale.

ZIGZAG (**Zigzag**). Nom d'une sorte d'ornement courant, très-commun dans les édifices normands du
XIIe siècle, et peut-être déjà usité avant cette époque.
Le zigzag se compose de moulures concaves et convexes, ou plates, entremêlées (V. BLOXAM, ch. V;
PARKER, pl. 114; *Antiq. arch. de Normandie,* p. 15, et
la pl. 3 du vol. I des *Motifs*). — Le terme zigzag est
moderne et probablement de pure invention (par comparaison avec la forme de la lettre *Z*). Il n'a pas été
appliqué à l'architecture, en Angleterre, avant Warton
ou Bentham; celui-ci dit indifféremment *chevron* ou
zigzag. History of Ely, 1771, in-4º, sect. V. — V. CHE-
VRON. — Le capitaine Grose, dans sa description du
château de Closeburne, comté de Dumfries, dit que
« la porte de cet édifice s'ouvre sous une arcade en
plein cintre, décoré d'une moulure en zigzag ou *dancette,*
grossièrement taillée dans un dur granit. » *Antiqutties
of Scotland*, vol. I, p. 153. *Dancette* est un terme
emprunté à l'art héraldique; plusieurs autres écrivains
modernes s'en sont également servis pour désigner le
chevron ou le *zigzag*.

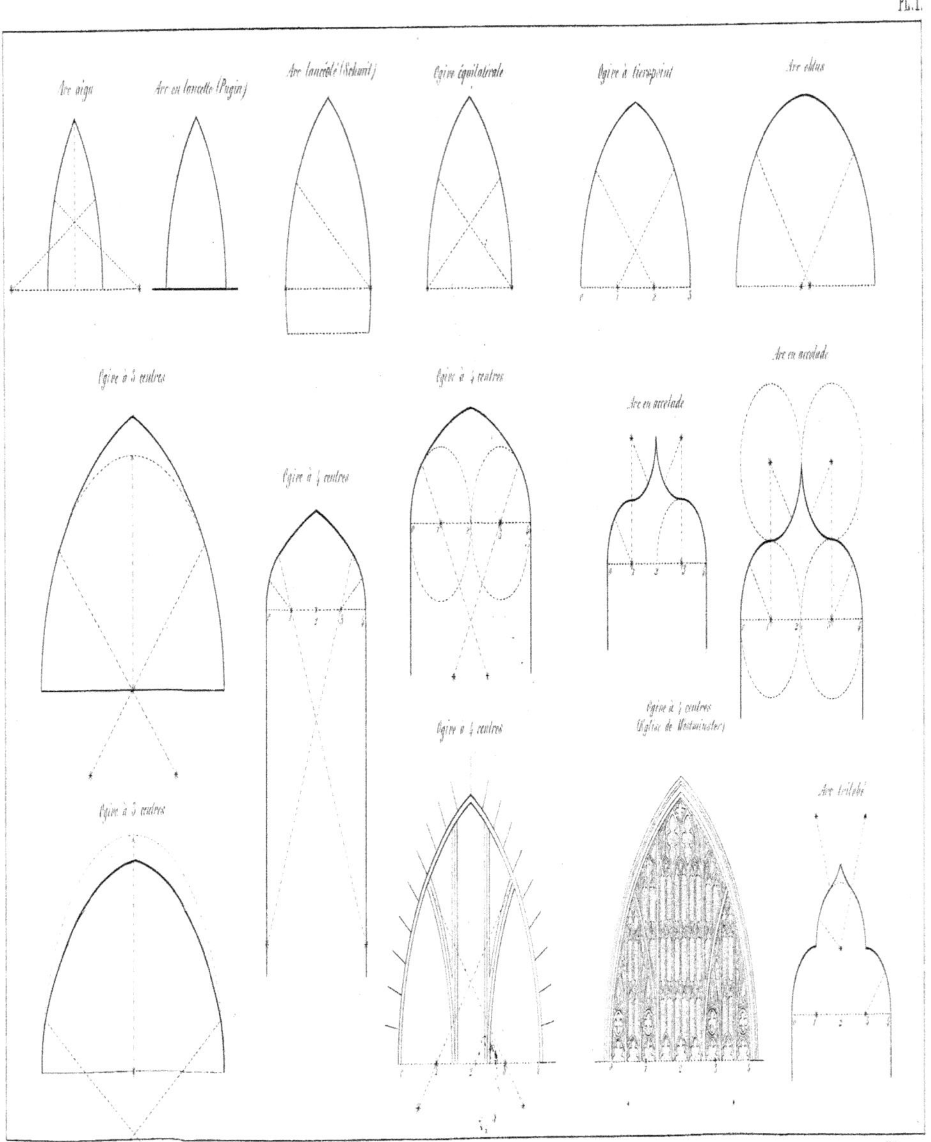

Arc aigu
Arc en lancette (Pugin)
Arc lancéolé (Scheut)
Ogive équilatérale
Ogive à tierspoint
Arc obtus
Ogive à 3 centres
Ogive à 4 centres
Ogive à 4 centres
Arc en accolade
Arc en accolade
Ogive à 4 centres
Eglise de Westminster
Ogive à 3 centres
Ogive à 4 centres
Arc trilobé

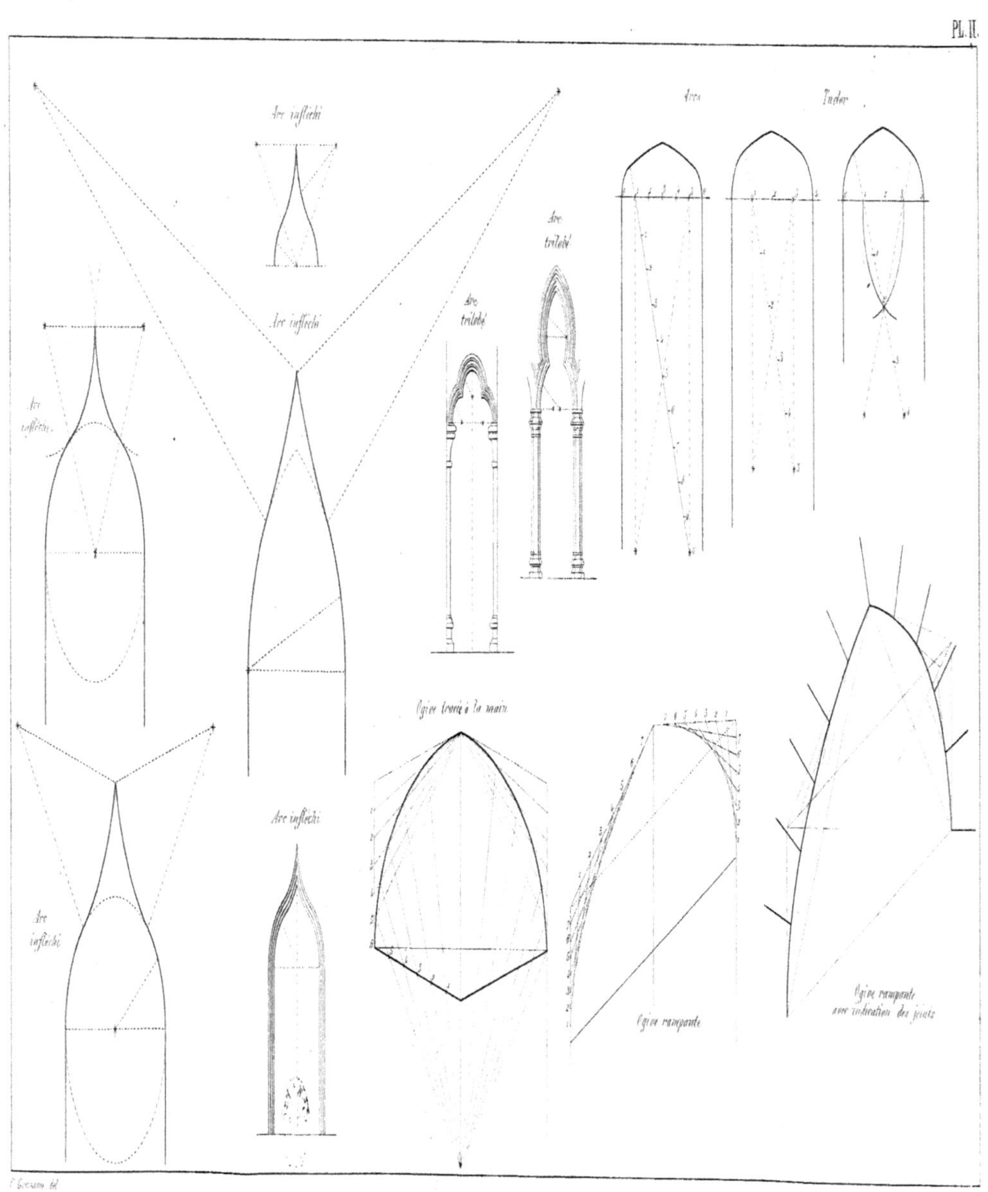
Arc infléchi
Arc infléchi
Arc infléchi
Arc infléchi
Arc infléchi
Arc trilobé
Arc trilobé
Arc
Tudor
Ogive tracée à la main
Ogive rampante
Ogive rampante
avec indication des joints

LIBRAIRIE POLYTECHNIQUE

DE

NOBLET ET BAUDRY

ÉDITEURS

ARCHITECTURE
ARCHEOLOGIE — BEAUX-ARTS

PONTS ET CHAUSSÉES
MINES — SCIENCE DE L'INGÉNIEUR
INDUSTRIE

PARIS ET LIÉGE

à PARIS, rue des Saints-Pères, 15 :
à LIÉGE, place Saint-Paul, 6.

1866

AVIS

—

Indépendamment des ouvrages mentionnés dans ce Catalogue, nous pouvons fournir toutes les publications françaises, belges ou étrangères, qui intéressent MM. les Ingénieurs et Architectes, MM. les Chefs d'usines industrielles et Conducteurs de travaux, MM. les Élèves des Écoles polytechnique et professionnelles.

Nous avons un atelier de gravure, et nous entreprenons l'impression et la gravure des ouvrages sur les sciences et sur les arts, soit pour notre compte, soit pour le compe de MM. les auteurs, soit aussi pour les Compagnies de chemins de fer et d'exploitations industrielles.

Nous nous chargeons également de la vente de tous les ouvrages sur les sciences et sur les arts.

Les personnes qui désireraient examiner nos grands ouvrages, avant d'y souscrire, sont priées de nous en faire la demande ; ils leur seront envoyés en communication, à leurs frais.

Nous offrons toutes facilités de payement aux bibliothèques ou autres établissements publics, et à toute personne bien connue.

Pour les demandes de peu d'importance, envoyer le prix des ouvrages, soit en timbres-poste, soit en un mandat sur la poste ou sur Paris.

Nota. Nous achèterons également, sur demande, **tous** les objets à l'usage de MM. les Architectes, Ingénieurs et Dessinateurs, tels que *compas, couleurs, encre de Chine, pinceaux, règles, équerres, papiers* et *toiles* à dessin, blancs, de couleur, quadrillés, *instruments* de précision, etc., etc.

Tous ces articles seront achetés en fabrique au mieux des intérêts de nos correspondants.

TABLE

Liévre. Collection Sauvageot.

Oppermann. Nouvelles annales de l'art industriel.

Pfnor. Monographie du château d'Anet.

Pugin. Modèles d'ameublements gothiques.

— Modèles d'orfévrerie gothique.

— — de ferronnerie gothique.

Rouyer. L'art architectural en France.

Vierset - Godin. Église de Notre-Dame, à Huy.

Vogué. Le Temple de Jérusalem.

ARCHÉOLOGIE

Delsaux. Les monuments de Liége.

— L'église Saint-Jacques, à Liége.

Hoffstadt. Principes du style gothique.

Hope. Histoire de l'architecture.

Lièvre. Collection Sauvageot.

Pfnor. Monographie du château d'Anet.

Pugin. Modèles d'ameublements gothiques.

— Modèles d'orfévrerie gothique.

— — de ferronnerie gothique.

— Types d'architecture gothique.

— Antiquités architecturales de la Normandie.

— Motifs et détails choisis d'architecture gothique.

Rouyer. L'art architectural en France.

Vierset-Godin. Église de Notre-Dame, à Huy.

Vogué. Le Temple de Jérusalem.

— L'architecture du 1er au viie siècle.

— Les églises de la Terre-Sainte.

PONTS ET CHAUSSÉES – CHEMINS DE FER — HYDRAULIQUE

Annales du Conservatoire des arts et métiers.

Badois. Moyens mécaniques employés au percement du canal de Suez.

Brun. Tracés et nivellements.

Cluysenaar. Bâtiments de stations.

De Cuyper. Revue universelle des mines, de la métallurgie, des travaux publics, des sciences et des arts appliqués à l'industrie.

Devillez. Percement du tunnel sous les Alpes.

Faivre. Tables des courbes de raccordement.

Flachat. De la traversée des Alpes par un chemin de fer.

Goschler. Traité pratique de l'entretien et de l'exploitation des chemins de fer.

— Note sur les chemins de fer suisses.

Grimaud de Caux. Des eaux publiques.

Legrand. Ponts à treillis à Billancourt sur la Seine.

Maréchal. Emploi de l'air comprimé au fonçage des piles.

Oppermann. Nouvelles annales de la construction.

— Portefeuille des machines.

Paque. Topographie.

Vidal. Méthodes graphiques pour le mouvement du tiroir dans les machines à vapeur.

— Flexion des prismes.

Yvert. Ponts avec poutres tubulaires en tôle.

ARITHMÉTIQUE ET MATHÉMATIQUES

BEYNAC. Arithmétique.

FLEURY. Trigonométrie du Bacca lau-
réat.

— Théorie élémentaire des convergents
des fonctions d'une seule variable.

JUBÉ. Exercices de géométrie analytique.

PAQUE. Arithmétique.

— Examen des diverses méthodes
employées pour l'établissement et
le développement des calculs transcendants.

— Principes fondamentaux de l'algèbre.

PIQUET. Mathématiques conformes au
programme de l'école des Beaux-
Arts.

QUINTINO SELLA. Théorie et pratique
de la règle à calcul.

— *Règles à calcul.*

SOUQUET. Métrologie française.

VINOT. Petite table des logarithmes.

MÉCANIQUE — MACHINES A VAPEUR

Annales du Conservatoire des arts
et métiers.

BADOIS. Moyens mécaniques employés
au percement du canal de Suez.

BÈDE. Traité théorique et pratique
des machines à vapeur.

— De l'économie du combustible.

COCKERILL. Portefeuille.

DE CUYPER. Revue universelle.

DEVILLEZ. Percement du tunnel sous
les Alpes.

— Théorie générale des machines à
vapeur.

GÉRONDEAU. Machines à gaz.

PÉRARD. Chauffage et conduite des
machines à vapeur.

VIDAL. Méthodes graphiques pour
étudier le mouvement du tiroir
dans les machines à vapeur.

— Législation des machines à vapeur.

— Flexion des prismes.

EXPLOITATION DES MINES

Annales du Conservatoire des arts et
métiers.

BURAT. Le matériel des houillères.

— Supplément au matériel des houillères.

— Situation de l'industrie houillère
en 1859, 1860, 1861, 1862, 1863,
1864.

BURY. Législation des mines, minerais, usines et carrières.

CHAUDRON. Moyen d'extraction permettant de réduire la section des
puits.

COCKERILL (JOHN). Portefeuille.

DE CUYPER. Revue universelle des
mines, de la métallurgie, des sciences et des arts appliqués à l'industrie.

DEVILLEZ. Percement du tunnel sous
les Alpes.

— De l'exploitation de la houille.

FRANQUOY. Fabrication des combustibles agglomérés.

— Nouveau système de Fahrkunst.

GÉRONDEAU. L'agglomération des charbons menus.

1.

GRATEAU. L'École des mines de Paris. Histoire, organisation, enseignement.

HABETS. Machines à abattre la houille.

HUDLEY. Traité pratique de l'exploitation des mines de houille.

MALHERBE. Exploitation de la houille dans le pays de Liége.

OPPERMANN. Nouvelles annales de la construction.

— Portefeuille économique des machines, de l'outillage et du matériel.

PONSON. Traité de l'exploitation des mines de houille.

Revue universelle des mines, de la métallurgie, des sciences et des arts appliqués à l'industrie.

SIMONIN. La richesse minérale de la France.

TONNEAU. Exploitation de la houille en Belgique.

MÉTALLURGIE

BRULL. Étude sur la fonte malléable.

— Propriétés résistantes du fer et de l'acier.

BURY. Législation des mines, minières, usines et carrières.

CAHEN. Métallurgie du plomb.

COCKERILL (JOHN). Portefeuille.

COUAILHAC. Fers et aciers. Suivi du Manuel du puddleur.

CUYPER. Revue universelle des mines, de la métallurgie, des travaux publics, des sciences et des arts appliqués à l'industrie.

FÉTIS. Traitement métallurgique des minerais de cuivre.

— Procédés métallurgiques du grillage.

FRANQUOY. Fabrication du fer dans le pays de Liége.

— Fabrication des combustibles agglomérés.

GÉRONDEAU. Agglomération des charbons menus.

GRATEAU. Fabrication de l'acier fondu par le procédé Chenot.

— L'École des mines de Paris. Histoire, organisation, enseignement.

HAMAL. L'aérage des mines et usines.

HENVAUX. Construction des laminoirs.

JORDAN. Fabrication des fontes d'hématite.

— Album du cours de métallurgie à l'Ecole centrale.

— État actuel de la métallurgie du fer dans le pays de Liége.

JULLIEN. Traité théorique et pratique de la métallurgie du fer.

— Théorie de la trempe.

— Traité théorique et pratique de la construction des machines à vapeur.

LESOINNE et GILLON. Préparation mécanique des minerais.

MULLER et LENCAUCHEZ. Métallurgie du zinc.

OPPERMANN. Portefeuille des machines, de l'outillage et du matériel.

PERCY. *Traité complet de métallurgie.*

PETITGAND. Exploitation et traitement des plombs.

PLATTNER. Procédés métallurgiques du grillage.

Revue universelle des mines, de la métallurgie, des sciences et des arts appliqués à l'industrie.

SIMONIN. La richesse minérale de la France.

VIDAL. Flexion des prismes.

MINÉRALOGIE — GÉOLOGIE

Burat. Minéralogie appliquée.

Dewalque. Atlas de cristallographie.

Dumont. Carte géologique de l'Europe.

Lehardy de Beaulieu. Guide minéralogique et paléontologique dans le Hainaut et l'Entre-Sambre-et-Meuse.

Malaise. Découvertes paléontologiques faites en Belgique.

Simonin. La richesse minérale de la France.

CHIMIE — PHYSIQUE — TÉLÉGRAPHIE

Annales du Conservatoire impérial des arts et métiers.

Bède. Résumé du cours de physique professé à l'université de Liége.

Cuyper. Revue universelle des mines, de la métallurgie, des sciences et des arts appliqués à l'industrie.

Gloesener. Traité général des applications de l'électricité.

Herlant. Précis de chimie usuelle.

Marlin. Examen comparatif de la fabrication des produits chimiques en Belgique et en Angleterre.

Revue universelle des mines, de la métallurgie, des sciences et des arts appliqués à l'industrie.

Rey. L'huile de pétrole.

ART MILITAIRE

Coquilhat. Percussions initiales produites sur les affûts dans le tir des bouches à feu.

Terssen. Revue de technologie militaire.

ARTS ET MÉTIERS — TECHNOLOGIE

Alcan. Traité complet de la filature du coton.

— Traité théorique et pratique de la fabrication complète des étoffes de laine foulées et drapées.

— Traité méthodique du tissage des étoffes en général.

Annales du Conservatoire des arts et métiers.

Cuyper. Revue universelle des mines, de la métallurgie, des sciences et des arts appliqués à l'industrie.

Masse. Du traitement industriel des plantes filamenteuses.

Revue universelle des mines, de la métallurgie, des sciences et des arts appliqués à l'industrie.

Rey. L'huile de pétrole.

Thirion. Description de ferme-modèle.

— Tablettes de l'inventeur et du breveté.

LÉGISLATION — ÉCONOMIE — MÉLANGES

Belgique pittoresque (la), monumentale et artistique.

Budan. La Guadeloupe.

Cuyper. Revue universelle des mines, de la métallurgie, des sciences et des arts appliqués à l'industrie.

Gras. Recueil de mémoires relatifs à la marine marchande.

Grateau. L'École des mines de Paris.

Mony. Ascension au pic de Néthou.

Quintino Sella. Théorie et pratique de la règle à calcul.

Règles à calcul.

Revue universelle des mines, de la métallurgie, des travaux publics, des sciences et des arts appliqués à l'industrie.

Thirion. Tablettes de l'inventeur ou du breveté.

LIVRES DE FONDS OU EN NOMBRE

A

Album des installations les plus remarquables de l'Exposition universelle de Londres ; publié par la Commission impériale de l'Exposition universelle de 1867 à Paris pour servir de renseignement aux exposants des diverses nations. 35 planches grand in-folio avec un texte donnant les principes généraux et les règles pratiques à observer pour l'installation des produits dans les Expositions... 15 fr.

ALCAN (Michel), professeur au Conservatoire impérial des arts et métiers, membre du jury des Expositions internationales, du comité de la Société d'encouragement, du comité de la Société des ingénieurs civils et des principales Sociétés scientifiques et industrielles de France.

— **Traité complet de la filature du coton :** — origines — production — caractères — propriétés — classifications — transformations — développement commercial — succédanés — progrès techniques — filature — apprêts des fils — détermination des assortiments — installation et organisation des filatures. Un gros vol. in-8 et un atlas grand in-4 de 38 planches doubles............. 35 fr.

— **Traité théorique et pratique** de la fabrication complète des étoffes de laine foulées et drapées : — production, — filature, — tissage et apprêts. 2 gros vol. in-8 et atlas in-4 de plus de 50 planches doubles..... 50 fr.

— **Traité méthodique du tissage des étoffes en général,** unies, façonnées, à fils serrés, à mailles, etc.; préparation, tissage, machines, composition des dessins, apprêts, organisation de manufactures pour chaque spécialité. Un gros vol. in-8 et un atlas in-4 de 35 planches doubles. (*Sous presse.*)

Les trois ouvrages ci-dessus forment une encyclopédie complète de la filature et de la fabrication des étoffes ; nul ne pouvait mieux que M. Alcan entreprendre une publication de cette nature. Le cours qu'il professe depuis vingt ans au Conservatoire impérial des arts et métiers, l'autorité de son nom dans ces questions, ses relations permanentes avec tous les grands manufacturiers de l'Angleterre, de l'Allemagne, de la Belgique et de la France, enfin ses missions aux Expositions universelles de France et d'Angleterre, le mettent plus que personne en position de décrire et de comparer les procédés employés dans ces diverses fabrications, et de faire connaître les progrès récents et nombreux apportés dans cette importante industrie.

Des dessins à l'échelle aident à l'intelligence des machines et des appareils qu'il a décrits.

Annales du Conservatoire impérial des arts et métiers, publiées par les professeurs MM. le général MORIN, DE LA GOURNERIE, TRESCA, TRÉLAT, ED. BECQUEREL, PÉLIGOT, PAYEN, MOLL, BOUSSINGAULT, HERVÉ-MANGON, ALCAN, PERSOZ, WOLOWSKI, J. BURAT, etc.

Les *Annales du Conservatoire* paraissent tous les trois mois en cahier de 160 à 200 pages in-8°, avec gravures. Chaque année forme un gros volume in-8°, accompagné de 20 à 25 planches.

Elles traitent toutes les questions de *physique industrielle — chimie industrielle — mécanique physique — architecture — arts industriels — fabrication mécanique — filature et tissage — agriculture — économie industrielle — inventions.*

Prix de l'abonnement annuel :

Pour la France et la Belgique.................. 20 fr.
Pour l'Étranger............................... 24 fr.

Les cinq premières années de ce recueil ont été publiées au prix de 16 francs chacune ; mais, à partir de la sixième année, qui commence en juillet 1865, le prix de l'abonnement est augmenté en raison de l'augmentation du nombre des planches.

Les *Annales du Conservatoire* répondent au même objet que son enseignement. Sans écarter de leur cadre les questions scientifiques d'un ordre élevé, elles sont plus spécialement consacrées aux applications de la science. Les rédacteurs s'attachent à faire ressortir, à l'aide d'expériences certaines, les relations des données pratiques et de la théorie.

Outre les mémoires originaux des professeurs du Conservatoire, insérés dans les *Annales*, on y fait paraître tous les travaux importants qui se produisent en France ou à l'étranger.

Les cinq années publiées de ce recueil justifient de l'importance de son programme et des efforts consciencieux de ses rédacteurs pour le remplir ; sa place est aujourd'hui marquée dans les bibliothèques publiques, et dans toutes les bibliothèques des ingénieurs, des chimistes et des fabricants qui veulent rester au courant des progrès de l'industrie.

AUBINEAU, dit POITEVIN LA FIDÉLITÉ. **Traité complet et pratique de la construction des escaliers en charpente et en pierre**, comprenant : 1º le plan et l'élévation de 51 escaliers, le tracé des courbes rampantes et des limons, la pose des bascules et toutes les notions relatives à la coupe des escaliers; 2º le plan et l'élévation d'une scie employée avec avantage pour scier les pilotis au fond de l'eau. — Atlas in-folio de 30 planches et un volume de texte in-18.. 12 fr.

B

BADOIS. **Études sur les moyens mécaniques** employés aux travaux du canal de Suez, dans la traversée des lacs Menzaleh et Ballah, et description de l'excavateur ou drague à pivot pour terrassements à sec, construite par MM. *Frey fils* et *A. Sayn*. 1 broch. in-8, planche. 2 fr. 50

BALTARD, architecte du Gouvernement, ancien pensionnaire de l'Académie de France à Rome. **Villa Médicis et Académie de France à Rome.** 19 planches et 30 feuilles de texte grand in-folio.............. 45 fr.

Les planches comprennent les plans, les coupes, les élévations de l'édifice, des détails de peinture, de sculpture et d'architecture, des vues perspectives; elles sont gravées par Aubert père, J. Bein, Hibon, Leisnier, Lemaître, Olivier, Varin.

Le texte est divisé en deux parties, la première ayant pour objet l'histoire du palais et de la villa Médicis ; la seconde, la publication des faits historiques qui se rattachent à l'institution du grand prix de Rome, depuis sa fondation, en 1665, les règlements, les statuts, les listes des prix, jusqu'en 1859 les noms des directeurs, etc.

BARQUI. **L'architecture moderne en France,** maisons les plus remarquables des principales villes des départements, plans, coupes, élévations, détails de construction. 2 vol. in-fol. comprenant 120 planches et texte, publiés en 30 livraisons de 4 planches. Prix de la livraison.. 3 fr.

Le mouvement de rénovation de la capitale s'est étendu à nos grands centres.

Lyon a suivi l'exemple qui lui était donné; des voies spacieuses ont ouvert les vieux quartiers et transformé complétement cette cité. Marseille, Rouen, à leur tour, se modifient et se transforment. De nombreux bâtiments s'élèvent et se sont élevés dans ces villes et dans plusieurs autres.

Pour satisfaire à ces besoins nouveaux, l'art en province n'est pas resté stationnaire, il a dû coopérer à ce mouvement et chercher, dans les constructions civiles, à développer le sentiment du beau.

Les éléments divers mis à sa disposition, les matériaux employés ont dû exercer une certaine influence sur les résultats.

Réunir ces éléments épars, les coordonner pour en faciliter la comparaison, et ne reproduire, dans tous les cas, que des types présentant des sujets sérieux d'étude: tel est le but de cette publication.

Nous espérons l'avoir atteint, grâce au concours aussi intelligent qu'empressé des architectes les plus distingués dans chaque ville.

Les matériaux que l'on trouvera dans cet ouvrage seront donc utiles à l'artiste comme au constructeur, et permettront des rapprochements intéressants.

L'art de bâtir y gagnera certainement quelques améliorations, et les habitations particulières en seront plus confortables.

L'ouvrage terminé, le prix en sera porté à 120 fr.

BARRAULT et BRIDEL. **Le Palais de l'Industrie et ses annexes,** description détaillée et raisonnée (cotes, poids, etc.) du système de construction en fonte et en fer, avec enveloppe en maçonnerie, adopté dans ces bâtiments. 30 planches grand in-fol. avec texte in-fol...... 30 fr.

Belgique pittoresque (la), monumentale, artistique, historique, géographique, etc. *Nouveau Guide des touristes,* revu et augmenté; précédé de l'itinéraire de *tous les chemins de fer belges.* 1 vol. in-12 de 332 pages, orné d'un grand nombre de jolies gravures, vignettes et d'une carte de la Belgique. Prix.............. 3 fr. 50

BÉDE. Traité théorique et pratique des machines à vapeur employées dans les mines, usines, manufactures, chemins de fer, dans la marine et l'agriculture. (*Sous presse.*)

— **De l'économie du combustible.** Exposé des principaux moyens usités pour produire ou employer économiquement la vapeur servant de force motrice. 2ᵉ édition. 1 vol. grand in-8 avec planches................ 9 fr.

La vente rapide des deux premières éditions de cet ouvrage indique assez son utilité pour que nous croyions pouvoir nous dispenser, de tout éloge.

— **Résumé du cours de physique** professé à l'Université de Liége. 2ᵉ édition. 1 vol. in-8 avec planches. 6 fr.

Cet ouvrage résume, dans un ordre méthodique, les principes et les formules de physique et de mécanique physique, utiles dans les applications de cette science : il est terminé par trente et un tableaux numériques.

C'est, en effet, un formulaire-manuel auquel Messieurs les Ingénieurs et les Élèves auront sans cesse besoin de recourir.

BEYNAC (F. A.), professeur de mathématiques. **Traité d'Arithmétique** à l'usage des candidats au baccalauréat et aux écoles du gouvernement. — Cet ouvrage renferme l'analyse raisonnée de toutes les règles et les principaux théorèmes de la théorie des nombres. Le calcul des nombres approchés, et les erreurs relatives y constituent un traité complet des approximations numériques. 1 vol. in-8.. 6 fr.

BISSON JEUNE, auteur des vues du mont Blanc. **Monographie des principaux monuments d'Italie,** reproduits par la phothographie en 1865, au point de vue archéologique (*Rome, Venise, Pise et Sienne*). 57 pl. in-folio raisin............................... 260 fr.
Chaque planche séparée..................... 5 fr.

TABLE DES PLANCHES

ROME

1 Saint-Pierre et le Vatican.
2 Pont et fort Saint-Ange, Saint-Pierre.

3 Ensemble du Colysée.
4 Intérieur du Colysée.
5 Détail du Colysée (partie conservée).
6 Voie Sacrée. — Arc de Titus. — Temple de Vénus.
7 Arc de Constantin (vue géométrale).
8 Arc de Constantin (vue perspective).
9 Arc de Titus et Palais Farnèse.
10 Arc de Titus (en hauteur).
11 Détail de l'Arc de Titus (bas-relief triomphe).
12 Détail de l'Arc de Titus (bas-relief).
13 Basilique de Constantin.
14 Temple d'Antonin et Faustine.
15 Colonne de Phocas.
16 Vue d'ensemble du Forum.
17 Temple de Saturne et temple des Scribes.
18 Temple de Jupiter tonnant et Arc de Septime-Sévère.
19 Temple de Saturne et de Vespasien.
20 Arc de Septime-Sévère, avec premier plan.
21 Arc de Septime-Sévère.
22 Temple de Saturne et de Jupiter tonnant.
23 Capitole.
24 Vue. Frise du Temple de Jupiter tonnant.
25 Statue de Marc-Aurèle, place du Capitole.
26 Colonne Trajane et Église Sainte-Marie di Loreto.
27 Colonne Trajane (en travers).

VENISE

28 Église Saint-Marc et Campanile (ensemble).
29 Église Saint-Marc.
30 Église Saint-Marc (portail principal).
31 Église Saint-Marc (détail supérieur).
32 Base en bronze du mât central.
33 Pont des Soupirs.
34 La Piazzetta, colonnes Saint-Marc et Saint-Jean.
35 Perspective du palais des Doges, colonne Saint-Marc.
36 Perspective du palais des Doges et quai des Esclavons (colonnes).
37 Palais des Doges et Porte della Carta.
38 Cour intérieure du Palais des Doges, escalier des Géants.
39 La Loggia.
40 Grille de la Loggia.

PISE

41 Ensemble du Dôme et Tour penchée.
42 Porte du Dôme.
43 Tour penchée.
44 Baptistère.
45 Détail de la porte principale (colonnes, face, baptistère).
46 Détail de la porte principale (colonnes, profil, baptistère).
47 Galerie intérieure du Campo-Santo (entrée).
48 Galerie intérieure du Campo-Santo (chaînes).
49 Galerie intérieure du Campo-Santo (dôme).
50 Détail, colonne renaissance, chapelle de San-Biajo (dôme).
51 Détail, colonne renaissance, chapelle de San-Biajo (dôme).
52 Chapiteaux romans (chaire du baptistère, dôme).

SIENNE

53 Cathédrale (ensemble).
54 Cathédrale (portail principal).
55 Détail de la porte centrale (face).
56 Détail de la porte centrale (profil).
57 Abside et baptistère de la cathédrale.

BLANDOT. Maisons et écoles communales de la Belgique.

Cette publication se composera des plans, coupes et élévations de chaque école.

Un texte descriptif et explicatif sera donné gratuitement avec les dernières livraisons.

Les planches se divisent en huit catégories :

1° Écoles, avec logement d'instituteur, pour 30 à 40 enfants du premier âge (sexes réunis) ;

2° Écoles, avec logement d'instituteur, pour 80 à 110 enfants ;

3° Écoles, avec logement d'instituteur, pour 80 à 110 enfants, et avec une justice de paix ;

4° Écoles, avec logements d'instituteur et d'institutrice ; et avec salle communale, pour 150 enfants ;

5° Écoles, avec logements d'instituteur et d'institutrice ; et salle communale, pour 150 enfants, et avec une justice de paix ;

6° Écoles pour les villes ;

7° Écoles gardiennes et salles d'asile de ville et de campagne;
8° Maisons communales.

L'ouvrage, composé de 120 planches in-folio, se publie er.
12 livraisons de 10 planches chacune.

La dernière livraison contiendra le texte de tout l'ouvrage.

PRIX DE L'OUVRAGE COMPLET : **60** FRANCS.

Aucune livraison ne se vend séparément.

BRULL. **Étude sur la fonte malléable,** historique,
fabrication, propriétés, emploi. Broch. in-8...   2 fr. 50

— **Comparaison des propriétés résistantes** du fer
et de l'acier. Brochure in-8.....................   2 fr.

BROISE et THIEFFRY. **Album encyclopédique des
chemins de fer.** Publication autorisée par les Compagnies. Chaque livraison mensuelle se compose de
12 planches demi-grand aigle. Chaque livraison..   4 fr.

BRUN. **Traité pratique des opérations** sur le terrain,
les tracés, les nivellements. In-8, figures......   4 fr. 50

Aucun ouvrage n'a encore décrit plus clairement les méthodes pratiques et
les instruments employés pour le tracé des alignements et des nivellements.

L'auteur a eu le soin d'entrer dans les plus grands détails sur les meilleurs
moyens d'opérer, sur les précautions à prendre, sur les causes d'erreur à éviter.

Il embrasse tous les cas qui se présentent dans la construction des chemins de
fer, des routes et des canaux, dans la construction des galeries souterraines.

L'ouvrage est accompagné de 21 planches gravées avec le plus grand soin.

BUDAN (A.). **La Guadeloupe pittoresque.** Douze vues
des sites les plus intéressants de l'île, dessinées d'après
nature et accompagnées d'un texte descriptif et explicatif.
1 volume grand in-folio cartonné..............   50 fr.

BURAT (Amédée), ingénieur, professeur à l'École centrale
des arts et manufactures. **Minéralogie appliquée,** description des minéraux employés dans les industries métallurgiques et manufacturières, dans les constructions
et dans l'ornement. Un vol. in-8°, avec 224 figures intercalées dans le texte........................   10 fr.

Appelé à enseigner la minéralogie à des ingénieurs qui y cherchent uniquement
les applications à l'exploitation des mines, à la métallurgie et aux con-

structions, l'auteur s'est efforcé de dégager la partie applicable et utile de cette science, en laissant de côté les considérations et les observations d'un caractère purement scientifique. Il a donc réduit au strict nécessaire les considérations cristallographiques, en conservant cependant toutes celles qui servent de base à l'étude et à la détermination des espèces minérales.

La MINÉRALOGIE APPLIQUÉE est destinée à faciliter l'accès de l'étude et la connaissance usuelle des minéraux. Rien n'a été négligé pour atteindre ce but : à côté des figures théoriques qui représentent les formes des espèces importantes, l'auteur a placé les dessins des minéraux tels qu'on les rencontre le plus généralement, en ayant soin de mettre en évidence les caractères qui servent à les reconnaître ; dans son texte, il s'est efforcé de préciser ces caractères, en restant aussi concis que possible.

Ce livre ne sera pas seulement utile aux ingénieurs et aux architectes, il s'adresse encore à tous ceux qui recherchent l'étude la plus facile et la plus rapide de la minéralogie, à ceux par exemple qui se préparent aux examens des Facultés.

Il se recommande à tous les joailliers, à toutes les professions qui ont besoin de notions exactes sur les propriétés des minéraux, et même aux gens du monde ; ils comprendront facilement ce traité illustré de 224 figures.

BURAT. Le matériel des houillères en France et en Belgique. — **Description des appareils, machines et constructions employés pour exploiter la houille.** 1 vol. grand in-8 et un atlas de 77 pl. in-fol..... 60 fr.

TABLE DES MATIÈRES.

TRANSPORTS SOUTERRAINS. — Voies et wagons. — Berceaux porteurs et cages. — Parachutes. — Clichages. — Traction mécanique des wagons. — Câbles en chanvre ou en aloès. — Câbles en fil de fer ou d'acier. — EXTRACTION. — Chevalets. — Châssis à molettes. — Molettes. — Bobines.— Machines d'extraction à un cylindre, avec engrenage. — Machines à deux cylindres conjugués, verticaux. — Application des bobines, à 1,000 mètres de profondeur. — Machines d'extraction avec contre-poids.— Constructions et dispositions générales. — Fosse Villars, à Denain.—Puits Cinq-Sous et Lucy n° 3, à Blanzy. — Fosse n° 2 de Nœux (Pas-de-Calais). — Installation des fosses en Belgique. — Warocquères et Fahrkunst. — AÉRAGE. — Lampes de sûreté.— Aérage des travaux souterrains. — Foyers d'aérage. — Ventilateurs à force centrifuge.— Ventilateur Fabry. — Ventilateur Lemielle.—Vis hydro-pneumatique. — Machine pneumatique horizontale à pistons. — ÉPUISEMENT. — Colonnes d'épuisement. — Pompes élévatoires. — Pompes foulantes. — Machines d'épuisement.—Machines à balancier. — Machines à traction directe. — Machines d'épuisement à double effet. — TRANSPORT AU JOUR. — Voies et wagons. — Plans inclinés. — Mise en tas. — Rivages et ports secs.

2.

BURAT. Suplément au matériel des houillères. 1 vol. grand in-8 et un atlas de 40 pl. in-folio......... **30 fr.**

TABLE DES PLANCHES DU SUPLÉMENT

Lavage des charbons menus et fabrication des agglomérés.

Bac à piston de Saint-Étienne. — Lavoir Revollier (Saint-Étienne). — Lavoir Coppée, établi à Anzin. — Pompe du lavoir d'Anzin. — Lavoir à double caisse, établi à Montceau-les-Mines (Blanzy). — Malaxeur pour la préparation des menus à agglomérer. — Dispositions générales d'une fabrique à agglomérer, avec presses hydrauliques (système Revollier).—Presse hydraulique pour la compression des agglomérés (système Revollier). — Croquis divers.

Roulage souterrain.

Wagon-berline avec caisse en bois (Nœux). — Essieux creux (système Évrard, de Douai). — Treuil à frein pour plan automoteur (Anzin). — Essieu système Cabany. — Essieu patent de Nœux. — Wagon à remblai de Montceau-les-Minés (Blanzy).

Extraction.

Cage avec parachute à excentriques de Montceau-les-Mines. — Arrêts de cage (clichage) du puits Cinq-Sous (Blanzy). — Chevalet d'extraction en tôle et fer, du puits Jabin (Loire). — Machine d'extraction à cylindres conjugués verticaux, construite par Quillacq, fosse n° 3 de Nœux. — Distribution par soupapes de la machine d'extraction du puits Cinq-Sous, construite par le Creusot. — Dispositions diverses des machines d'extraction en Angleterre (*croquis*). — Bâtiments de la fosse d'extraction n° 6 de Courcelles-Nord, près Charleroi. — Bâtiments de la fosse d'extraction Casimir Périer, près Somain. — Bâtiments des puits d'extraction d'Oberhausen (bassin de la Ruhr). — Bâtiments des puits d'extraction de Duttweiler (bassin de Sarrebruck).

Aérage.

Ventilateur de Béthune (système Guibal). — Ventilateur Guibal, de 9 mètres de diamètre et de 4 mètres de largeur, pour un débit de 100 mètres cubes par seconde.

Épuisement des eaux.

Pompes employées par M. Lévy pour le fonçage de l'avaleresse de Carling (Moselle). — Tiges de pompes construites par les ateliers de Krupp (bassin de la Ruhr. — Épuisement par caisses à eau au puits de Lucy (Saône-et-Lotre). — Machine d'épuisement a traction directe, du Grand-Hornu (Mons).

Transports et manutentions au jour.

Truc servant au transport de seize berlines, à Courcelles-Nord (Charleroi). — Wagon à bascule, nouveau modèle de Blanzy. — Truc avec caisses à bas cule pour le chargement des bateaux, à Nœux. — Grue roulante pour la manœuvre des caisses à charbon, construite par Quillacq (Anzin).—Grue de chargement à double volée, employée à Denain et Anzin. — Divers appareils de chargement employés en Angleterre (*croquis*).

BURAT. Situation de l'industrie houillère en 1859. In-8... 5 fr.

— Situation de l'industrie houillère en 1860, 1861, 1862, 1863, 1864. Chaque volume....... 2 fr. 50

BURY. Traité de la législation des mines, des minières, des usines et des carrières en Belgique et en France. 2 vol. in-8.. 18 fr.

C

CAHEN. **Métallurgie du plomb en Belgique.** Mémoire couronné par l'Association des ingénieurs sortis de l'école de Liége. — Description et discussion des divers traitements métallurgiques des minerais de plomb. — Examen comparé de ces divers traitements. — Améliorations dont ils sont susceptibles. 1 vol. in-8, 230 pages, 10 planches et tableaux..................................... 5 fr.

CASTERMANS (Auguste), architecte. **Parallèle des maisons de Bruxelles** et des principales villes de la Belgique, construites depuis 1830 jusqu'à nos jours, représentées en plans, élévations, coupes, détails intérieurs et extérieurs, mesurées et dessinées par Aug. Castermans, architecte, et par les plus éminents architectes de la Belgique.

Cet ouvrage comprendra 240 planches grand in-folio raisin, gravées au trait et imprimées sur beau papier vélin.

LE PREMIER VOLUME EST COMPLET ; il se compose de 120 planches et se vend séparément................. 100 fr.

LE SECOND VOLUME se composera, comme le premier, de 120 planches. Il se publie en 24 livraisons, composées chacune de 5 planches. — Prix de la livraison....... 3 fr.

19 livraisons du deuxième volume sont en vente.
L'ouvrage complet pour les souscripteurs,..... 152 fr.

Prouver par des faits que l'*architecture civile* a fait en Belgique d'énormes progrès depuis 1830, et que ce pays peut à juste titre revendiquer aussi dans cette branche importante des beaux-arts l'autonomie de son école ; — donner aux jeunes architectes, comme modèles à imiter et comme source féconde d'inspirations, une riche collection des hôtels et maisons les plus dignes de remarque qui ont été construites depuis 35 ans dans les principales villes, et surtout dans la capitale de ce royaume ;—mettre les propriétaires et constructeurs à même d'indiquer aux architectes qu'ils consultent la manière dont ils désirent que leurs maisons soient construites sous le rapport complexe du style, de la distribution, de la décoration, de leur convenance, etc., etc.: — tel est le but que nous nous sommes proposé par la présente publication : nous espérons l'avoir atteint, grâce au concours aussi intelligent qu'empressé que nous avons rencontré, pour la réalisation de notre plan, de la part des architectes en renom et des propriétaires des belles maisons bourgeoises qui ont de droit leur place dans une pareille galerie.

Afin de conserver à notre titre de *Parallèle* sa véritable signification, tous les sujets de notre collection sont aux mêmes échelles, c'est-à-dire aux 0,006 pour les plans, aux 0,012 pour les façades, et enfin aux 0,08 par mètre pour les détails extérieurs.

CHAUDRON, ingénieur. Moyen d'extraction permettant de **réduire la section des puits** sur une grande partie de leur profondeur, et application d'une machine à action directe, sans molette, construite par MM. Pirotte et Cte. In-4.. 3 fr.

CLUYSENAAR. **Bâtiments des stations** et maisons de gardes des chemins de fer de Dendre-et-Waes, d'Ath à Lokeren et de Bruxelles vers Gand par Alost. Cet ouvrage, imprimé en couleur, peut servir de modèles de maisons de campagne et d'habitations champêtres. In-4, avec 33 planches en couleur, cartonné.............. 36 fr.

— **Maisons de campagne , châteaux , fermes,** maisons de jardiniers, gardes-chasse et d'ouvriers, etc. In-4, avec 50 planches en couleur, cartonné. 40 fr.

COCKERILL (**Portefeuille de John Cockerill**). Description de **machines** d'épuisement pour charbonnages et mines, à balancier, à traction directe, système du Cornouailles, etc.—Machines d'extraction.—Machines et appareils pour fabriques de fer, laminoirs, marteaux, moulins, cingleurs, squeezers, etc. — Machines soufflantes de différents systèmes. — Locomotives à voyageurs, mixtes, de montagnes, etc. —Tenders et matériel destinés à l'exploitation des chemins de fer. — Machines de fabriques, des systèmes de Watt, de Woolf, à balancier, à bâti pyramidal, à cylindre horizontal, etc. — Locomobiles de différents systèmes. — Machines pour la navigation fluviale, et machines de mer, à cylindres oscillants et fixes, etc. — Machines-outils, tours alésoirs, raboteuses, perçoirs, etc. — Appareils pour moulins à farine, sucreries, poudrières, fabriques de stéarine, fabriques de poteries et faïenceries, papeteries.—Machines à polir et à doucir les glaces. — Mécaniques de filature et de fabrication d'étoffes diverses, etc. 2 vol. grand in-4 et 2 ATLAS grand in-folio de 200 planches.................................... 200 fr.

COQUILHAT. **Percussions initiales** produites sur les affûts dans le tir des bouches à feu. 1 vol. in-8.   7 fr. 50

COUAILHAC (V.). **Fers et aciers.** Examen de la situation faite à la métallurgie par les différents procédés de fabrication inventés dans ces dernières années, suivi du **Manuel pratique du puddleur** pour la fabrication des fers fins. 1 vol. in-18..................................... 4 fr.

CUYPER (de), docteur ès sciences, ancien capitaine du génie, professeur à la Faculté des sciences de l'Université de Liége, inspecteur des études à l'École des arts et manufactures et des mines, chevalier de l'ordre de Léopold, etc. **Revue universelle des mines, de la métallurgie, des travaux publics, des sciences et des arts** appliqués à l'industrie.

La *Revue universelle des Mines* vient de faire paraître le premier cahier de son dix-huitième volume. Les mémoires originaux qu'elle a publiés sur les branches principales des sciences et des arts industriels justifient des efforts consciencieux de la Direction pendant les neuf années écoulées depuis sa création, pour remplir les conditions de son programme.

L'exploitation des mines, — la métallurgie,—les arts chimiques et mécaniques, — les constructions, ont successivement fait l'objet des études des professeurs et des ingénieurs qui veulent bien soutenir ce recueil par leur collaboration.

La publication des mémoires couronnés par l'Association des Ingénieurs sortis de l'École de Liége vient aujourd'hui agrandir le cercle de ses travaux.

Dans les 17 volumes de la *Revue universelle* qui ont paru jusqu'à ce jour, on trouve les articles principaux des publications techniques étrangères, donnés par voie de traductions complètes ou d'analyses.

A côté de la revue des sociétés savantes *de France et de l'industrie française*, confiée à M. A. Boucart, ingénieur civil, sont venus se placer successivement le bulletin semestriel *des travaux d'exploitation des mines, de métallurgie et de construction*, par M. Grateau, ingénieur civil des mines, et le compte rendu *des travaux de la Société des ingénieurs civils*, par M. Husquin de Rheville.

Enfin la revue économique, juridique et administrative des mines et de la métallurgie en france, par M. Jordan, répétiteur chargé du cours de métallurgie à l'École centrale des arts et manufactures.

Cet exposé succinct de la situation de la *Revue universelle*, complété par la Table générale des matières des douze premiers volumes 1, nous permet de recommander ce recueil comme une œuvre utile aux ingénieurs et aux industriels.

PRIX DE L'ABONNEMENT ANNUEL.

Pour Paris et Liége..................   **25** francs.
Pour les départements et la Belgique. **28**   —
Un numéro........................   **6**   —

L'abonnement commence en janvier de chaque année et se compose de six livraisons, formant pour chaque année 2 volumes grand in-8 de 600 à 700 pages, avec 40 ou 50 planches.

La *neuvième année* (1865) est en cours de publication.

D

DECLOUX et DOURY. **Collection des plus belles compositions de Lepautre.** 1 vol. de 100 planches in-fol. relié... 60 fr.

---

1 La Table générale des douze premiers volumes sera envoyée par la poste toute personne qui en fera la demande par lettre affranchie.

Cette publication, de l'époque de Louis XIV, gravée sur acier, donne les principales compositions de ce grand maître, qui sont une source intarissable de documents pour l'architecte, le sculpteur, le peintre et pour tous ceux qui s'occupent d'ornementation.

DELSAUX. Les monuments de Liége, reconstruits, agrandis et restaurés; plans, coupes, élévations et détails. 1 vol. in-plano, avec texte...................... 25 fr.
Le Palais de Liége, 6 planches. — La Cathédrale, 6 planches. — L'église Sainte-Croix, 4 planches. — L'église Saint-Martin. 4 planches.

— **L'église Saint-Jacques à Liége,** Plans, coupes, ensembles, détails intérieurs et extérieurs. 1 vol. grand in-folio, 15 planches et texte.................. 25 fr.

DEVILLEZ (A.). Des travaux de percement du tunnel sous les Alpes, et de l'emploi des machines dans l'intérieur des mines. 1 vol in-8 et atlas in-fol......... 15 fr.

— **Théorie générale des machines à vapeur,** à l'usage des personnes qui n'ont pas étudié les mathématiques supérieures. 1 vol. et atlas................ 18 fr.

— **De l'exploitation de la houille** à la profondeur d'au moins mille mètres. 1 vol. in-8 et 2 planches. 6 fr.

DEWALQUE. Atlas de cristallographie, à l'usage des élèves des cours de minéralogie. 24 planches avec texte.
4 fr.

DUMONT. Carte géologique de l'Europe. Quatre feuilles grand aigle tirées en couleur à l'Imprimerie Impériale. Échelle $\frac{1}{4,000,000}$ (4 myriamètres par centimètre).
Grandeur du cadre 1^m,41 sur 1^m,20.

   Prix.. 65 fr.
   Collée sur toile et en étui................... 75 fr.
   Sur toile, montée sur rouleaux et vernie..... 80 fr

La carte que nous offrons aux géologues a figuré à l'Exposition universelle de Paris. Rien n'a été négligé pour lui donner le plus haut degré d'exactitude.

Nous croyons pouvoir dire que nulle carte géologique ne présente autant de détails, à une aussi petite échelle, pour les parties centrales et occidentales de notre continent. L'auteur a non-seulement réuni tous les matériaux publiés jusqu'à ce jour, mais il a profité d'un grand nombre de renseignements inédits que lui ont communiqués la plupart des géologues de l'Europe. Il y a joint ses observations personnelles sur la Belgique et les contrées voisines; enfin, celles qu'il a recueillies dans ses nombreux voyages en France, en Angleterre, en Allemagne, en Suisse, en Autriche, en Turquie, dans l'Asie Mineure, en Grèce, en Italie, en Sicile et en Espagne, lui ont permis de coordonner ces documents épars et de les contrôler les uns par les autres, de manière à en former les éléments d'un même système.

E

Exposition universelle de 1867 à Paris. — Album des Installations les plus remarquables de l'Exposition universelle de Londres, publié par la Commission impériale pour servir de renseignement aux exposants des diverses nations. 35 planches grand in-folio jésus, accompagnées d'un texte du même format donnant les principes généraux et les règles pratiques à observer pour l'installation des produits dans les expositions..... 15 fr.

F

FAIVRE. **Tables du tracé des courbes de raccordement**. In-8, 90 pages, 1 planche.............. 3 fr.

FÉTIS. **Traitement métallurgique** des minerais de cuivre à l'usine de Stern et aux ateliers de la mine de Saint-Josephberg, près Linz-sur-Rhur. 1 vol. in-8, avec planches.. 2 fr. 50

— **Traité théorique des procédés métallurgiques de grillage**, par Karl Friederick Plattner. Traduit de l'allemand, annoté et augmenté par Alphonse Fétis. 1 vol. in-8 avec planches.................... 12 fr.

FLACHAT. **De la traversée des Alpes** par un chemin de fer. — Développements. — Étude de passage par le Simplon. In-8 avec 4 planches.................. 5 fr.

FLEURY (Henri). La **Trigonométrie du baccalauréat.** 1 vol. in-8, avec de nombreuses figures dans le texte et un tableau............................ 2 fr. 50

— Théorie élémentaire des **Convergents** des fonctions d'une seule variable, avec ses applications, etc., suivie d'un examen critique des méthodes usitées pour la résolution de la vraie valeur des fonctions qui se présentent sous une forme indéterminée, etc. 1 vol. in-8.... 2 fr.

FRANQUOY. **Des progrès de la fabrication du fer** dans le pays de Liége. 1 vol. in-8............. 3 fr. 50

— **De la fabrication des combustibles agglomérés** ou briquettes de charbon, pour les usages industriels. In-8, avec 6 planches...................... 3 fr. 50

— Nouveau système de **Fahrkunts.** Brochure in-8 et 2 planches................................. 2 fr.

G

GÉRONDEAU. **Notice sur l'agglomération des charbons menus.** 1 vol. in-8, avec planches......... 4 fr.

— **Note sur les machines à gaz.** 1 vol. in-8, avec planches................................. 4 fr.

GLŒSENER. **Traité général des applications de l'électricité.** 2 vol. grand in-8, avec planches. 30 fr. En vente : tome Ier, orné de 18 planches........ 15 fr.

Le premier volume de ce remarquable Traité comprend :

1o Une introduction faisant voir comment la science a fourni successivement les connaissances nécessaires pour appliquer le courant électrique;

2o Une partie théorique contenant un exposé succinct des données indispensables pour comprendre, raisonner et construire les appareils qui fonctionnent par l'action du courant électrique;

3o L'application du courant électrique à la télégraphie; divers systèmes de télégraphes, appareils complémentaires en télégraphie; appareils employés pour les communications directes; parafoudres; câbles sous-marins; dérangements extérieurs des fils télégraphiques;

4o Application de l'électricité : aux moyens de sûreté sur les chemins de fer;

5o Aux sonneries électriques et à leurs usages domestiques;

6o Aux chronographes;

Le tome deuxième, qui va paraître incessamment, contiendra :

1º L'horlogerie électrique ;

2º Les paratonnerres ;

3º L'application du courant électrique : à la détermination des longitudes terrestres ; à diverses observations scientifiques de précision ; aux observations météorologiques ; à l'inflammation des mines ;

4º L'application de la lumière électrique : aux expériences d'optique et d'acoustique pour la projection des phénomènes ; aux opérations militaires ; à l'éclairage des villes, des phares, des routes, des navires sur mer, des galeries de mines, des travaux sous-marins, des travaux de nuit ;

5º Théorie des principaux électro-moteurs ;

6º Diverses applications du courant électrique aux arts et à l'industrie ;

7º La galvanoplastie ;

8º L'application de l'électricité à la médecine.

Nous croyons utile de faire ressortir l'importance et l'actualité de cet ouvrage, qui répond à un véritable besoin, tant au point de vue industriel qu'au point de vue scientifique. Nous nous bornerons à rappeler que les appareils électriques inventés par l'auteur et dont cet ouvrage contient la description, avaient obtenu la médaille de première classe à l'Exposition universelle de Paris, en 1855, et lui ont valu récemment la même distinction de la Société d'encouragement pour l'industrie nationale de Paris (1862), ainsi que du jury international de l'Exposition universelle de Londres en 1862.

GOSCHLER, ancien élève de l'École centrale, et successivement ingénieur aux chemins de fer d'Alsace, ingénieur principal aux chemins de fer de l'Est, directeur général des chemins de fer (Hainaut et Flandres).

Traité pratique de l'**entretien et de l'exploitation des chemins de fer,** à l'usage des ingénieurs, des agents de chemins de fer, des constructeurs et fournisseurs de matériel, et des élèves des écoles spéciales, comprenant des notions générales sur les études, les tracés et la construction des chemins de fer, et sur leur entretien et leur exploitation. L'ouvrage est divisé en quatre parties :

1º Service de la voie ;

2º Matériel et machines ;

3º Exploi ation ;

4º Administration.

Les deux premiers volumes, comprenant tout le *Service de la voie*, sont parus.

Chaque volume............................... 12 fr.

Les études de M. Goschler, les fonctions qu'il a remplies depuis vingt ans dans plusieurs chemins de fer, successivement comme Ingénieur ordinaire, Ingénieur principal, Directeur général, lui en ont fait connaître les différents services, et ses relations avec les administrateurs de France, d'Angleterre et d'Allemagne, lui ont donné la facilité de se renseigner sur les détails qui pouvaient lui être moins connus. L'ouvrage que nous publions sera donc complet dans toutes ses parties, et l'on s'en convaincra facilement en parcourant la table des matières des deux premiers volumes, qui sera envoyée franco à toute personne qui en fera la demande par lettre affranchie.

GOSCHLER. Note sur les **chemins de fer suisses**. In-8.   2 fr.

GRAS. **Recueil de mémoires relatifs à la marine marchande,** contenant : les règles théoriques et pratiques concernant le jaugeage, le lestage, l'arrimage, la composition du tonneau de marchandises, la construction et l'armement des navires de mer. 1 vol. in-8 de 500 pages, avec planches............................ 14 fr.

GRATEAU. **Mémoire sur la fabrication de l'acier fondu** par le procédé Chenot. In-8, avec planches.   2 fr. 50

— **L'École des mines de Paris**. Histoire — Organisation — Enseignement — Élèves-ingénieurs et élèves externes. Brochure in-8, utile aux candidats et aux élèves..   1 fr.

GRIMAUD de CAUX. **Des eaux publiques, de leur application** aux besoins des grandes villes, des communes et des habitations rurales. Principes fondamentaux concernant la recherche et l'aménagement de l'eau dans tous les pays, la détermination de ses qualités, sa conservation et sa distribution. 1 vol. in-8...... 6 fr.

GUILLAUMOT (Auguste-Alexandre). **L'Art appliqué à l'industrie**. Fragments variés et inédits d'architecture, sculpture, ferronnerie, céramique, décoration, etc. La première partie de l'ouvrage se composera de 50 planches in-4° gravées sur acier, dont 10 en couleur, divisées en cinq cahiers de 10 planches. Le prix des 50 planches est de.. 40 fr.

H

HABETS. Note sur les machines à abattre la houille.
1 vol. in-8, avec 6 planches.................... 2 fr. 50

HAMAL. De l'aérage considéré au point de vue hygiéni-
que, économique et scientifique, dans les établissements
métallurgiques, fabriques, usines, etc. 1 vol. in-8, 180
pages et 1 planche............................ 6 fr.

**HEDLEY (John). Traité pratique de l'exploitation
des mines de houille;** traduit de l'anglais et annoté par
H. Lambert et Ed. Modeste. 1 vol. in-8, 104 pages et
16 planches.................................... 8 fr.

**HENVAUX (D.). Mémoire sur la construction des la-
minoirs.** Nouveau système des plus parfaits sous le rapport de la solidité et sous celui du parfait fonctionne-
ment de toutes les parties. 1 vol. in-8, 72 pages et 7
planches...................................... 10 fr.

HERLANT. Précis du cours de chimie usuelle professé à l'École militaire de Belgique. 1 vol. in-12.   7 fr.

HOFFSTADT (Fréd.). Principes du style gothique,
exposés d'après les monuments authentiques du moyen
âge; traduit de l'allemand par Aufschlager. 1 vol. in-8
de texte, avec un atlas in-fol. de 40 planches.... 30 fr.

Depuis que les monuments du moyen âge ont été sérieusement étudiés par
les savants et les artistes, le mérite de l'architecture gothique a été de plus
en plus constaté.

Toutefois, on ne s'est point arrêté à la simple reconnaissance du mérite et
à l'admiration des chefs-d'œuvre de cet art qui, depuis longtemps, avait été
déprécié, sinon abandonné; mais, dans bien des contrées, on a essayé de le
faire revivre et de le remettre en pratique. Si, aux yeux des connaisseurs, peu
de ces essais ont réussi, il est facile d'en expliquer les causes.

Nous possédons quantité de recueils précieux, qui offrent un choix varié des
principaux monuments gothiques; mais quand il s'agissait d'exécuter quelque
ouvrage dans ce style, on s'est contenté d'emprunter à divers modèles les détails qui paraissaient convenir le mieux, pour en faire un ensemble. On con-

çoit que de cette manière il était impossible de produire d'un seul jet un chef
d'œuvre de l'art ; et cela d'autant moins qu'on s'est toujours borné à une
apparence superficielle, sans s'inquiéter du fond, c'est-à-dire des formes fon-
damentales qui donnent à cette architecture le caractère qui lui est propre.
Si, de plus, on considère que depuis longtemps le style antique a seul fait loi
dans les arts ; que, malgré la publicité tant vantée des études artistiques, et
malgré le réveil du goût pour le gothique, l'étude de ce style a été exclue de
tout enseignement ; enfin, que jusqu'ici il n'a existé aucun ouvrage élémentaire d'après lequel l'artiste et l'ouvrier auraient pu se guider ; certes, on ne
saurait reprocher à ceux-ci les défauts qui se trouvent dans les constructions
qu'ils ont exécutées. Par contre, les jeunes artistes mériteraient un reproche
sévère, s'ils ne reconnaissaient, dès à présent, leur plus belle vocation dans
l'étude d'un art qui a doté tous les pays civilisés de l'Europe de tant de chefs-
d'œuvre dignes de leurs méditations.

Le présent ouvrage doit leur faciliter cette tâche et remplir les lacunes qui
viennent d'être signa'ées. Qu'on ne s'attende pas à y trouver des copies d'anciens modèles, mais des productions et des constructions déduites des principes auxquels les anciens maîtres se sont attachés, et qui donnent la clef de
l'étude de ce style. Sans l'étude approfondie et sans l'application de ces principes, toute régénération du style gothique devient impossible.

L'auteur ne s'est point borné à l'architecture seule ; mais il a eu égard à
toutes les industries qui, pour leurs productions respectives, peuvent tirer un
parti avantageux du style gothique. Il ose espérer qu'à l'aide des principes
qu'il a développés dans cet ouvrage, l'architecte, l'artiste et l'ouvrier qui
voudront en profiter, sauront, par eux-mêmes, composer et exécuter, dans ce
style, les travaux de tout genre dont ils pourront être chargés.

HOPE (Th). **Histoire de l'architecture**, traduite de
l'anglais par A. Baron. 2 volumes grand in-8, 98 planches. Prix des deux volumes.................... 20 fr.

J

JORDAN. **Note sur la fabrication des fontes d'hématite** dans le North-Lancashire et le Cumberland (Angleterre). In-8, avec planches..................... 4 fr.

— **Album du cours de métallurgie,** professé en 1864-1865
à l'École impériale centrale des arts et manufactures, par
S. Jordan, ingénieur. Première partie du cours: Métallurgie générale. — Fabrication de la fonte. 40 planches
grand in-folio avec texte...................... 20 fr.

3.

JORDAN. État actuel de la métallurgie du fer dans le pays de Siegen (Prusse), notamment de la fabrication des fontes aciéreuses. In-8, avec 3 planches...... 5 fr.

JUBÉ, inspecteur d'Académie, agrégé de l'Université, officier de l'instruction publique, etc., etc. **Exercices de Géométrie analytique**, à l'usage des élèves de mathématiques spéciales. In-8 avec 12 planches gravées. 4 fr.

Ce volume, inspiré par un ouvrage très-remarquable, publié en Angleterre par le Rev. Georges Salmon, sur les sections coniques, est appelé à rendre d'éminents services aux élèves en leur donnant des méthodes abrégées et très-claires pour la solution d'un grand nombre de questions de géométrie analytique.

JULLIEN. Traité théorique et pratique de la métallurgie du fer, à l'usage des savants, des ingénieurs, des fabricants et des élèves des Écoles spéciales ; comprenant la fabrication de la fonte, du fer, de l'acier et du fer-blanc. 1 volume in-4, avec atlas de 52 planches. 36 fr.

M. Jullien, attaché successivement, comme ingénieur, à l'atelier de construction du Creusot; comme sous-directeur, à l'usine de Montataire ; et enfin aux aciéries de H. Petin, Gaudet et Cie, de Rive-de-Gier, s'est occupé, toute sa vie, de la fabrication de la *fonte,* du *fer,* de *l'acier* et du *fer-blanc;* il en a étudié tous les procédés : il a contribué puissamment aux progrès qui se sont accomplis dans cette industrie. Il en connaît toutes les théories, et sa constante préoccupation, dans la pratique comme dans son traité, a été de mettre continuellement la théorie en présence de l'application.

L'ouvrage qu'il offre au public est tout à la fois un exposé des principes sur lesquels repose la métallurgie du fer, une description exacte de toutes les opérations que comportent ses diverses fabrications, une étude complète de toutes les machines employées dans cette industrie.

52 planches doubles donnent, à l'échelle, les dessins de toutes les machines et de tous les appareils en usage.

JULLIEN. Annexe au traité de la métallurgie du fer. **Théorie de la Trempe.** Septième édition, in-4. 3 fr.

Cette brochure est donnée gratuitement aux personnes qui achètent le Traité de la métallurgie du fer.

JULLIEN. Traité théorique et pratique de la construction des machines à vapeur fixes, locomotives et marines, à l'usage des ingénieurs, mécaniciens-constructeurs, etc., et des élèves des Écoles spéciales ; comprenant l'examen technique des matériaux de construction, la composition, l'exécution et les devis de ces moteurs pour les divers genres, espèces, systèmes et forces connus. 2e édition, revue, corrigée et augmentée. 1 vol. in-4, 583 p. avec bois dans le texte et atlas de 48 pl. doubles gravées à l'échelle.............. 35 fr.

Les positions que M. JULLIEN a successivement occupées dans les premières usines de France, et la rapidité avec laquelle s'est écoulée la *première édition*, nous sont un sûr garant de l'excellence de son ouvrage.

Ce n'est pas seulement un traité des machines à vapeur, c'est encore, on peut le dire, un procès-verbal raisonné de leur fabrication telle qu'elle doit se pratiquer pour aboutir à des résultats satisfaisants *au point de vue de l'acheteur comme à celui du vendeur ;* aussi n'y a-t-il pas de renseignements que l'on ne soit assuré d'y trouver, tant pour les matériaux que pour la composition, l'exécution et les devis.

Cette seconde édition, revue, corrigée et considérablement augmentée par l'auteur, est divisée en quatre parties principales.

La première, qui comprend l'*étude des matériaux* de construction, les envisage sous leurs divers points de vue, chimique, physique et mécanique;

La seconde, qui porte le nom de *composition des machines*, passe successivement en revue les pièces, les parties de machine et les machines complètes telles qu'elles s'exécutent suivant les divers services auxquels elles sont appelées dans l'industrie, sur les chemins de fer, en agriculture et en marine;

La troisième décrit les *opérations de l'atelier de construction ;*

Et la quatrième donne les *prix de revient détaillés* d'un nombre considérable de machines.

Cet ouvrage renferme la théorie complète de tous les systèmes de machines, — l'étude des avantages et des inconvénients de chacun d'eux, selon la destination, l'emploi et la force des machines, — toutes les études de détails qui peuvent être utiles, —des calculs tout faits et des tableaux en grand nombre, — des figures sur bois intercalées dans le texte,—enfin un ATLAS de 48 planches doubles, toutes gravées à l'échelle et représentant, outre les machines complètes de tous les genres, de toutes les espèces et de tous les systèmes, les pièces particulières de toutes ces machines et l'outillage des ateliers.

K

KONINCK (de). **Recherches sur les animaux fossiles**, genres *Productus* et *Chonètes*. 1 vol. in-4 avec 20 pl.   30 fr.

— **Mémoire sur les fossiles de l'Inde.** Broch. in-8, avec 11 pl............................... 2 fr. 50

— **Notice sur les fossiles du Spitzberg.** Br. in-8.   1 fr.

— **Notice sur une nouvelle espèce de Davidsonia.** Broch. in-8............................... 1 fr. 25

— **Mémoire** sur les genres et les sous-genres des **brachiopodes** munis d'appendices spiraux. Broch. in-8, avec 2 pl............................... 1 fr. 50

— **Résumé de la théorie chimique des types.** 1 vol. in-12............................... 1 fr. 75

KOOL. **Description du pont à Treillis** sur la Meuse, près Maestricht. Grand in-4 avec pl. in-fol...... 10 fr.

KRAFFT, ingénieur. **Roue hydraulique à aubes courbes,** système Poncelet. Considérations théoriques et règles pratiques pour l'établissement de cette roue. In-4, avec 3 pl............................... 3 fr. 50

— architecte. **Traité de l'art de la charpente**; ancienne édition, belles épreuves, 200 planches grand in-folio, reliure simple............................... 60 fr.

Cet exemplaire comprend quatre parties :

1re *partie*. Étude des pièces de charpenterie qui peuvent entrer dans les constructions.

2e *partie*. Construction de bâtiments et d'habitations.

3e *partie*. Construction de ponts.

4e *partie*. Constructions maritime et de navigation intérieure.

L

LEGRAND. **Les ponts de Billancourt** construits sur la Seine en 1862, par A. Legrand, ingénieur. Ce sont deux ponts à treillis dont le tablier est supporté uniquement par des poutres de rive, qui présentent trois dispositions nouvelles ayant donné de bons résultats :

1° Largeur de 12 mètres entre les poutres formant parapet;

2° Disposition en arc très-surbaissé de la partie inférieure de chaque poutre de rive entre ses points d'appui sur les piles et culées;

3° Plancher de la chaussée formé de plaques de fonte d'une forme particulière, qui reçoivent directement la chaussée en empierrement.

1 vol. in-4, avec 5 pl. in-folio.................... 10 fr.

LE HARDY DE BEAULIEU. **Guide minéralogique et paléontologique** dans le Hainaut et l'Entre-Sambre-et-Meuse. In-8 .... 2 fr. 50

LEPAUTRE. **Collection de ses plus belles compositions**, gravées par Decloux et Doury. 100 pl. in-folio. Prix, relié............................... 60 fr.

Cette publication, de l'époque de Louis XIV, gravée sur acier, donne les principales compositions de ce grand maître, qui sont une source intarissable de documents pour l'architecte, le sculpteur, le peintre et pour tous ceux qui s'occupent d'ornementation.

LESOINNE et GILLON. **Cours de métallurgie générale.** Tome 1er, préparation mécanique des minerais. 1 vol. in-8 et atlas in-8.............................. 12 fr.

*LIÈVRE. **Collection Sauvageot**, dessinée et gravée d'après les originaux du Musée impérial du Louvre, accompagnée d'un texte descriptif par A. Sauzay. 120 pl. in-folio, gravées avec soin et accompagnées d'un texte descriptif et explicatif. Prix...................... 180 fr.

De toutes les collections particulières d'objets d'art, formées en France, aucune ne jouit d'une réputation plus européenne et surtout plus artistique que celle donnée si libéralement au Musée impérial du Louvre par CHARLES SAUVAGEOT.

Cette collection renferme un grand nombre de chefs-d'œuvre des quinzième, seizième et dix-septième siècles ; elle forme à elle seule un cours complet sur l'art et l'industrie de la plus belle époque artistique.

Parmi tant de richesses diverses, nous nous sommes attachés à choisir les objets qui, par leur importance, leur caractère, leur réputation et leur belle exécution, appellent plus particulièrement l'attention des gens éclairés ; nous avons donc limité notre œuvre au nombre de 120 planches, qui forment une réunion de chefs-d'œuvre dans laquelle sont dignement représentées : l'ivoirerie, — la verrerie, — l'émaillerie, — la bijouterie, — la sculpture en bois, — la serrurerie, — l'horlogerie.

Offrir un tel recueil, dont l'exécution artistique est à la hauteur des objets qui y figurent, c'est rendre tout à la fois un service aux amateurs, aux artistes et à l'industrie ; car les uns y trouverout un souvenir ou un point de comparaison utile, et les autres une source inépuisable d'inspirations nouvelles.

M

MALAISE. Mémoire sur les découvertes paléontologiques faites en Belgique jusqu'à ce jour. 1 vol. in-8.
2 fr.

MARÉCHAL. Notice sur l'emploi de l'air comprimé au fonçage des piles et culées du pont de Kehl sur le Rhin. In-8, avec planches...................... 8 fr.

MALHERBE (Renier), ingénieur civil des arts et manufactures. **De l'exploitation de la houille dans le pays de Liége** (*Mémoire couronné par la Société libre d'émulation de Liége*). In-8............................. 6 fr.

MASSE. Du traitement industriel des plantes filamenteuses. 1 vol. in-8, avec échantillon de matières.
1 fr. 75

MELCHIOR DE VOGUÉ (Voyez *Vogué*).

MARLIN. **Examen comparatif de la fabrication des produits chimiques** en Belgique et en Angleterre. 1 vol. in-8, planches......................... 4 fr.

MONY. **Ascension au pic de Néthou (Maladetta).** 1 vol. in-12...................................... 1 fr.

MULLER et LENCAUCHEZ. **Métallurgie du zinc.** Nouvelle méthode du traitement au haut fourneau à cuve. 1 vol. in-8 .... 2 fr. 50

O

OPPERMANN. **Nouvelles annales de la construction.** Documents les plus récents et les plus intéressants relatifs à la construction française et étrangère. 50 à 60 planches in-4, et 12 livraisons de texte. Paraissant mensuellement.

    Prix de l'abonnement, Paris................. 15 fr.
    Départements .... 18 fr.
10 années sont parues, 1855 à 1864. Chaque année. 15 fr.

— Portefeuille économique **des machines, de l'outillage et du matériel.** 59 à 60 pl. in-4, et 12 livraisons de texte. Paraissant mensuellement.

    Prix de l'abonnement, Paris................. 15 fr.
    Départements .... 18 fr.
9 années sont parues, 1856 à 1864. Chaque année. 15 fr.

— **Album pratique de l'art industriel**, paraissant tous les deux mois par livraisons de 6 planches avec texte.
    Prix de l'abonnement, Paris................. 15 fr.
    Départements .... 18 fr.
Les 8 années précédemment parues, 1857 à 1864, contenaient moins de planches. Chacune de ces 8 années a été publiée et se vend toujours à................. 10 fr.

— **Nouvelles annales d'agriculture.** Publication économique de dessins et documents agricoles. 50 à 60 planches in-4, et 12 livraisons de texte. Paraissant mensuellement.

    Prix de l'abonnement, Paris.................. 15 fr.
    Départements............................ 18 fr.
6 années sont parues, 1859 à 1864. Chaque année.. 15 fr.

P

PAQUE. Cours complet de mathématiques élémentaires. (*Chaque partie se vend séparément.*)
    — **Arithmétique**........................... 6 fr.
    — **Topographie**.......................... 10 fr. 50
— **Principes fondamentaux de l'algèbre**, et établissement *à priori* des règles principales. 1 vol. in-8. 5 fr. 50
— **Examen des diverses méthodes** employées pour l'établissement et le développement des calculs transcendants. 1 vol. in-8......................... 5 fr. 50

PÉRARD. **Traité du chauffage et de la conduite des machines à vapeur** fixes et locomobiles. 1 vol. gr. in-8, avec 17 pl.. 10 fr.

Cet ouvrage est le résumé des leçons faites, dans ces dernières années, par l'auteur, à l'École industrielle de Liége. La machine à vapeur est aujourd'hui beaucoup plus répandue que les connaissances nécessaires pour en tirer le meilleur parti : les chefs d'usines trouveront dans ce volume, sous une forme très-élémentaire, les principes complets de l'emploi le plus fécond de cette puissance. L'auteur s'est efforcé de réunir en corps de doctrine les éléments disséminés dans des ouvrages généraux ou trop volumineux, et ceux qu'il a puisés dans ses propres observations.

PERCY (Dr). **Traité complet de métallurgie**, comprenant l'art d'extraire les métaux de leurs minerais et de les adapter aux divers usages de l'industrie. Traduit avec l'autorisation et sous les auspices de l'auteur, avec introduction, notes et appendice par A.-E. Petitgrand et A. Ronna. — Cet ouvrage, imprimé dans le format grand in-8, avec des gravures à l'échelle intercalées dans le texte, formera 6 ou 7 volumes.

Tome Ier. — Introduction. — Notions générales. — Combustibles. — Lavage des charbons. — Fours à coke. — Produits réfractaires. — Appendice.

Tome II. — Propriétés physiques et chimiques du FER. — Alliages. — Description de ses minerais. — Analyse de ses minerais. — Essai de ses minerais. — Traitement direct.

Tome III. — Fabrication de la fonte. — Hauts-fourneaux. Procédés d'affinage et de finage de la fonte. — Appendice.

Le tome IV terminera la métallurgie du FER, et comprendra le puddlage; le travail et l'outillage des forges; la fabrication du fer marchand, des rails, des tôles, etc.; les différents procédés de fabrication de l'acier; la résistance des fontes, du fer et de l'acier.

Le tome V renfermera la description des procédés de fabrication du CUIVRE, du ZINC et des ALLIAGES de ces deux métaux.

Les volumes suivants, auxquels le Dr Percy met la dernière main, contiendront le PLATINE, l'OR, l'ARGENT, le PLOMB, le NICKEL, l'ÉTAIN, le MERCURE, l'ALUMINIUM, etc., enfin les autres métaux qui sont entrés dans le domaine des arts et de l'industrie.

De nombreux dessins à l'échelle, soigneusement exécutés, intercalés dans le texte, viennent en aide à l'intelligence des méthodes et des appareils décrits.

Prix pour les souscripteurs à tout l'ouvrage, chaque vol.
12 fr. 50

Tous les volumes se vendront séparément........ 18 fr.

Le docteur Percy jouit à juste titre d'une incontestable réputation dans l'industrie métallurgique en Angleterre, comme professeur à l'École des mines de Londres, et comme conseil de la plupart des grands établissements métallurgiques du Royaume-Uni; nul mieux que lui n'a été à même d'en suivre la marche. Aussi, pour son ouvrage, il n'a pas seulement compulsé et condensé tout ce qui a été écrit de sérieux tant en Allemagne qu'en Suède et en France, mais, en outre, il a recueilli personnellement en Angleterre tous les faits intéressants relatifs à la métallurgie. Ce dernier point de vue donne à son œuvre un caractère de nouveauté, car tout le monde sait que la plupart des procédés pratiqués dans les vastes usines de l'Angleterre ont été jusqu'à ce jour ou fort imparfaitement décrits ou tenus à dessein dans l'ombre.

PETITGAND. Exploitation et traitement des plombs dans le midi de l'Espagne. 1 vol. in-8, avec planches.

4 fr.

— et RONNA. **Traité complet de métallurgie;** traduit de l'anglais du Dr John Percy, avec introduction, notes et appendice. (Voir *Percy*.)

PFNOR. **Monographie du château d'Anet**, construit par Philibert Delorme en 1548, dessiné et gravé par Rodolphe Pfnor, auteur des monographies du palais de Fontainebleau, du château de Heidelberg et de l'époque de Louis XVI.

Le château d'Anet, cette élégante demeure où l'un de nos plus grands architectes a dépensé tout ce qu'il avait de science et de goût, peut être considéré comme le plus beau monument de l'époque de Henri II ; c'est ce qui nous a décidé à le choisir comme type de l'art français de cette époque architecturale.

L'entrée, construction triomphale, est parfaitement conservée dans toutes ses parties; la chapelle, restaurée par M. Caristie à sa façade principale, mais intacte à l'intérieur, a de splendides sculptures de Jean Goujon, des mosaïques, une tribune remarquable, des portes à claire-voie en bois sculpté et incrusté, etc., etc.; le château proprement dit, en voie de brillante restauration, est rempli de peintures murales, de dallages, de faïences, de plafonds sculptés retrouvés et fort intelligemment rendus à leur destination primitive.

Les parties du château que la révolution a dispersées et que l'on retrouve maintenant à l'École des beaux-arts de Paris, aux musées du Louvre et de Cluny, seront données dans notre publication.

Le texte historique et descriptif sera orné de gravures reproduisant des détails du monument et des fac-simile des gravures du monument d'après Philibert Delorme et Androuet Ducerceau.

Cette publication se composera de 25 à 30 livraisons, contenant chacune 2 planches in-folio gravées sur acier ou une planche en chromo-lithographie, accompagnées d'un texte de même format illustré de gravures.

Les 10 premières livraisons sont en vente.

Prix de la livraison :

   Sur papier quart aigle blanc....... 5 fr.
    —   —   chine....... 6 fr.

Il sera tiré un certain nombre d'exemplaires sur papier grand format demi-colombier, chine, au prix de 7 fr.

PIQUET. **Notes de mathématiques** rédigées conformément au programme officiel de l'École impériale des Beaux-Arts. 1 vol. in-4, figures............... 7 fr. 50

PLATTNER. **Traité théorique des procédés métallurgiques de grillage;** traduit de l'allemand, annoté et augmenté par Alphonse Fétis. 1 vol. in-8 et 6 pl. in-4.

12 fr.

PONSON. **Traité de l'exploitation des mines de houille,** ou Exposition comparative des méthodes employées en France, en Belgique, en Allemagne et en Angleterre, pour l'arrachement et l'extraction des minéraux combustibles. 4 vol. in-8, ensemble 2,395 pages, et atlas in-fol. de 80 planches. (*Rare.*)

Portefeuille de JOHN COCKERILL. (Voy. *Cockerill.*)

PUGIN. **Modèles d'ameublements** dans le style gothique du quinzième siècle, à l'usage des architectes, sculpteurs, ornemanistes, ébénistes, menuisiers, etc. 1 vol. grand in-4, cartonné, de 24 planches.................... 8 fr.

— **Modèles de ferronnerie,** serrurerie et bronzerie, style des quinzième et seizième siècles, à l'usage des architectes, sculpteurs, ornemanistes, grilletiers, lampistes, serruriers, fondeurs, etc. 1 vol. gr. in-4, cart., de 27 pl.

8 fr.

— **Modèles d'orfévrerie,** d'argenterie, etc., à l'usage des architectes, sculpteurs, ornemanistes, orfévres, serruriers, fondeurs, pendulistes, lampistes, etc. 1 vol. gr. in-4, cartonné, de 27 planches.................... 8 fr.

— **Types d'architecture gothique,** empruntés aux anciens édifices de l'Angleterre. Texte historique et descriptif par Wilson; traduit de l'anglais, avec autorisation de l'auteur. 3 vol. gr. in-4, cartonnés, ensemble 283 pages et 210 planches...................... 120 fr.

— **Antiquités architecturales de la Normandie,** contenant les monuments les plus remarquables de cette contrée (architecture romane et ogivale), présentés en plans, élévations, coupes, détails, vues, pespectives inté-

rieures et extérieures, avec texte historique et descriptif.
1 vol. gr. in-4, cartonné, avec 80 planches...... 40 fr.

— **Motifs et détails choisis d'architecture gothique,** empruntés aux anciens édifices de l'Angleterre, avec texte historique et descriptif. 2 vol. in-4, cartonnés, avec 120 pl. .... 80 fr.

Q

QUINTINO SELLA. **Théorie et pratique de la règle à calcul.** Traduit de l'italien par Montefiore Levi. In-12, cartonné................................... 3 fr. 50

Grâce à une méthode très-claire, à des définitions nettes et précises, Quintino Sella a pu, dans un volume de 160 pages, rendre des plus faciles l'emploi de la règle à calcul et en augmenter considérablement les applications.

Un tableau des problèmes indique immédiatement la méthode à suivre dans chaque cas donné.

Ajoutons que Quintino Sella a résolu pour la première fois, dans ce petit volume, la position de la virgule dans tous les résultats.

Un chapitre spécial est consacré à l'emploi des instruments calculateurs analogues. — La règle à calcul de 0,51. — La règle à échelles repliées. — La règle en carton de Lalanne. — L'arithmographe. — L'abaque de Lalanne.

Règles ordinaires de $0^m,26$...............	**6** francs.
Règles ordinaires à biseau...............	**7** —
Règles à biseau, modifiées par Manheim.	**10** —
Règles à échelles repliées de $0^m,13$.......	**6** —
Règles à échelles repliées de $0^m,26$......	**15** —
Règles de $0^m, 36$.....................	**25** —
Règles de $0^m,50$.....................	**50** —

R

Revue universelle des Mines, de la Métallurgie, des Travaux publics, des Sciences et des Arts appliqués à l'Industrie, publiée sous la direction de M. Ch. de Cuyper, professeur à la Faculté des sciences de l'Université de Liége, inspecteur des études à l'École des

4.

Arts, des Manufactures et des Mines de Belgique. (Voyez
Cuyper.)

REY. **L'huile de pétrole.** Connaissance de l'huile de
pétrole dans les temps anciens ; importance de son exploitation ; procédés employés pour l'extraire et la raffiner.
Applications diverses de ses dérivés. In-12..... 2 fr. 50

RIDDER (Simon de). **Le chemin de fer belge,** ou Recueil
de mémoires et devis pour l'établissement du chemin de
fer d'Anvers et Ostende à Cologne, avec embranchement
de Bruxelles et de Gand aux frontières de France. 1 vol.
in-8, avec planches........................... 15 fr.

ROUYER. **L'art architectural,** en France, depuis François Ier jusqu'à Louis XVI. Motifs de décoration intérieure
et extérieure, dessinés d'après des modèles exécutés et
inédits des principales époques de la Renaissance, comprenant lambris, plafonds, voûtes, cheminées, portes,
fenêtres, escaliers, grilles, stalles, tombeaux, vases, etc.

Plusieurs publications ont déjà été consacrées à l'architecture française de
la Renaissance ; des auteurs éminents ont étudié l'art de cette période avec le
plus grand succès, tant au point de vue archéologique que dans ses rapports
avec l'esprit des seizième et dix-septième siècles ; mais aucun de ces ouvrages
n'a traité spécialement d'une des parties les plus intéressantes de cet ordre
de recherches, nous voulons parler des *décorations intérieures et extérieures*
des boiseries, des ameublements, etc., etc., de ces époques.

Nous avons jugé utile d'étudier, avec un soin particulier, cette partie dont
la connaissance est devenue si nécessaire de nos jours.

Laissant de côté ce qui appartient à l'histoire ou à la légende, pour n'envi-
sager que la partie usuelle et pratique, nous venons offrir aux architectes, aux
sculpteurs et aux peintres une publication qu'ils consulteront toujours avec
fruit, qui facilitera leurs études chaque fois qu'ils seront appelés à édifier ou
à restaurer un *monument*, un *château*, une *maison*.

Nos modèles sont tous compris dans la période qui s'étend de FRANÇOIS Ier
à LOUIS XVI ; nos dessins peuvent revendiquer la plus rigoureuse authenticité ;
tous sont empruntés à des monuments exécutés. On a pris soin, en outre, de
les profiler avec la plus grande exactitude et d'en coter toutes les parties.

Chaque planche indique l'époque des constructions ou celle des détails qui y
sont représentés.

Cet ouvrage se composera de 200 planches grand in-4 jésus, gravées sur acier par les meilleurs artistes de Paris, et accompagnées de tables et d'un texte par Alfred Darcel, conservateur au Musée du Louvre, correspondant du Comité des monuments historiques.

LE PREMIER VOLUME EST COMPLET; il comprend 100 planches, un texte et une table, et se vend séparément 100 fr.

LE SECOND VOLUME se composera, comme le premier, de 100 planches, une table et un texte.

Il se publie par livraisons de deux planches gravées sur acier, et formera 50 livraisons.

Les 42 premières livraisons du deuxième volume sont en vente.

Prix pour les souscripteurs à l'ouvrage complet. La livraison..................................... 1 fr. 60

S

SAUVAGEOT (Collection), du Musée impérial du Louvre, dessinée et gravée à l'eau-forte par E. Lièvre, accompagnée d'un texte descriptif et historique, par A. Sauzay.

(Voyez *Lièvre.*)

SIMONIN. **La richesse minérale en France.** In-8. 2 fr. 50

*SOUQUET. **Métrologie française,** ou **Manuel théorique et pratique du système métrique.** 1 vol. in-8. 5 fr.

T

TERSSEN. **Revue de technologie militaire,** ou **Recueil international** de mémoires, expériences, observations et procédés relatifs à cette science. Cette revue paraît en trois ou quatre fascicules, et forme à la fin de chaque année un fort volume grand in-8 de 700 à 800 pages, accompagné d'environ 30 planches.

Prix de l'abonnement annuel :

Paris et Liége............................... 20 fr.

Départements............................... 22 fr.

La première année de la *Revue de technologie militaire* (rare).

La deuxième année forme un volume grand in-8 de près de 700 pages, accompagné de 66 planches, et se vend 15 fr.

Principaux articles contenus dans les 2e, 3e et 4e volumes.

Expériences exécutées en Prusse pour déterminer la pression exercée par la charge d'une bouche à feu sur les parois de son âme et en un point quelconque de celle-ci.

Nouveau système de shrapnels de l'artillerie néerlandaise.

De l'emploi des mortiers dans la défense des places.

Expériences exécutées à l'aide du pendule électro-balistique.

Influence de la rotation des projectiles sur leur trajectoire.

Procédé de fabrication des poudres anglaises.

Notice sur les projectiles à percussion.

Artillerie piémontaise.

Théorie des feux colorés.

Des feux colorés pour fusées de signaux.

Nouveaux équipages de ponts.

De la fabrication mécanique des armes aux États-Unis.

Expériences exécutées en Prusse, à l'effet de déterminer la pression exercée par les gaz de la poudre sur les parois des canons.

Application des résultats des expériences précédentes à la détermination des épaisseurs du métal des canons, par M. Mayewski.

Description et examen de plusieurs systèmes de shrapnels, boulets creux et fusées à projectiles, par L. Delobel.

Applications diverses du principe de la rotation au tir des projectiles d'artillerie.

Des métaux à canon, de la fabrication des bouches à feu et de quelques causes jusqu'ici inexpliquées de leur prompte destruction, par Robert Mallet.

De la résistance des parois des canons sur la pression des gaz de la poudre dans le tir, par le colonel Gadolin.

Théorie des canons cerclés.

Comparaison des résultats du calcul avec ceux de l'expérience directe.

Application de la théorie du colonel Gadolin au cas d'un canon en fonte de fer, avec âme en bronze.

Mémoires sur les *canons rayés de 4 néerlandais.*

Mémoire sur le *système Whitworth,* canon de 32 et 70.

Mesure des petits angles et appréciation des distances en artillerie, par J. M. de Tilly.

Derniers perfectionnements introduits dans la fabrication des canons en fonte en Amérique, par A. Gadolin.

Du canon rayé de 4 russe, par M. Mayewski.

Du canon rayé de 4 suisse, système Muller.

Organisation de l'armée des États-Unis d'Amérique, par Charles Erdt; traduit de l'allemand par le colonel d'artillerie d'Herbelot.

Chronographe électro-balistique, par Le Boulengé.

Selle de troupe à lames mobiles divisées, par A. Leurs.

Canons rayés américains, système Parrott.

Fusée percutante, système Voruz.

Expériences du major Rodman sur la pression des gaz de la poudre.

Mouvement d'un corps solide quelconque, animé d'une vitesse de rotation très-considérable, par Ch. de Tessières.

Description de la machine d'épreuve en usage dans l'artillerie américaine.

Nouveaux canons américains de 15 à 20 pouces, système Rodman.

Description de plusieurs systèmes de projectiles à expansion, américains et anglais.

Appareil électro-balistique Navez simplifié.

Discussion sur les appareils électro-balistiques, par le major Navez.

Notice sur l'artillerie autrichienne de campagne, modèle de 1863, précédée d'une note sur l'état actuel de la question du fulmi-coton.

Notes sur le nouveau matériel de campagne autrichien pendant la guerre de Danemark, 1864.

Considérations sur le tir des armes à feu rayées, particulièrement dans leur action contre la cavalerie.

Appareil électro-balistique du capitaine Benton, de l'artillerie des États-Unis.

Étude sur les procédés de mesure rapide des distances, applicables aux batteries de côte, par le capitaine d'artillerie Gautier.

Comparaison entre les canons rayés de 4 autrichiens, français et belges, au point de vue de la justesse du tir.

THIRION, architecte. **Description de la ferme modèle** à Nivezé-les-Spa; vues, plans, élévations, coupes et détails d'une Ferme modèle, avec écurie de chevaux de maître. Atlas grand in-fol. de 15 planches.............. 20 fr.

THIRION (Charles), ingénieur. **Tablettes** de l'inventeur et du breveté, à l'usage de ceux qui veulent obtenir ou qui possèdent un brevet d'invention en France ou à l'étranger. 1 vol. gr. in-8............................. 4 fr.

TONNEAU. **De l'exploitation de la houille en Belgique.** 1 vol. in-8............................... 4 fr.

V

VERVER. L'éclairage au gaz à l'eau et l'éclairage
au gaz Leprince, comparés à l'éclairage au gaz de
houille ordinaire. Emploi du gaz comme moyen de chauffage. Données sur son prix de revient. In-8, fig.   4 fr. 50

VIDAL (M. V.), ingén. civil des mines, anc. élève de l'École
polytechnique. **Des méthodes graphiques** usitées pour
étudier le mouvement du tiroir dans les machines à vapeur fixes. 1 br. in-4........................... 1 fr. 25

— **Législation des machines à vapeur.** Décret du
25 janvier 1865. Lois et ordonnances en vigueur. Textes
du droit commun qui s'y rattachent, commentaire. 1 vol.
in-18... 1 fr. 50

— **Sur la flexion des prismes.** Br. in-8....... 1 fr. 50

VIERSET-GODIN. **Église de Notre-Dame à Huy**, repré-
sentée en plans, élévations, coupes et détails géométraux
(monument gothique du seizième siècle), avec texte historique et descriptif par Éd. Lavalleye. Grand in-folio de
20 pl. avec texte............................... 25 fr.

VINOT, professeur de mathématiques à Paris. **Petite table
de logarithmes**, donnant des résultats suffisamment
exacts des opérations qu'ont à faire les ouvriers, contre-
maîtres, architectes, etc........................ 50 c.

VOGUÉ (le comte Melchior de), membre de la Société des
Antiquaires de France, correspondant de l'Institut archéologique de Rome, de l'Institut royal des architectes Bri-
tanniques. **Le Temple de Jérusalem**, monographie du
Haram-ech-Chérif (mosquée d'Omar et mosquée El-Aksa),
suivie d'un essai sur la topographie de la ville sainte. Vues,
coupes, élévations, sculptures, ornementation en couleur,
mosaïques, vitraux et carreaux émaillés. Un volume in-

folio, avec gravures sur bois, accompagné de 40 planches,
dont 15 en couleur. Prix...................... 100 fr.

Le Haram-ech-Chérif est l'ancienne plate-forme du *Temple de Salomon*,
agrandie par Hérode. On y trouve : — de nombreux restes du Temple juif
qui permettent de restaurer ce monument célèbre ; — des monuments de l'é-
poque chrétienne primitive ; — deux grandes mosquées, dont l'une dite Mosquée
d'Omar, monument du septième siècle, est ornée de mosaïques des septième et
dixième siècles, de ferronneries françaises du douzième siècle, de vitraux et
faïences arabes du seizième siècle.

M. le comte de Vogüé et M. Duthoit, architecte, son compagnon de voyage,
sont les premiers artistes qui aient pu relever complétement ce curieux ensemble, qui embrasse une période architecturale de vingt-cinq siècles.

VOGUÉ (le comte Melchior de). **L'architecture civile et
religieuse en Syrie,** du premier au septième siècle.
2 vol. grand in-4, contenant 150 planches ; plans, coupes,
élévations, détails de construction, sculpture, etc., et un
texte descriptif et explicatif. Prix.............. 120 fr.

Jusqu'à présent, il existait une lacune dans l'histoire de l'architecture. Entre les derniers monuments romains et les premiers monuments du moyen
âge, la chaîne est interrompue. Par quelle série de transformations l'art a-t-il
passé ? Quelles sont les influences qui ont amené ces transformations ? Quel est
le rôle de l'Orient, et particulièrement de l'art grec pendant cette période ?
Toutes ces questions étaient restées pour ainsi dire sans réponse, car le petit
nombre de monuments connus ne permettait pas d'appuyer une théorie par
des exemples suffisants. L'ouvrage que nous annonçons aujourd'hui vient remplir cette lacune.

Il existe dans la Syrie centrale (Haouran, Provinces d'Antioche, d'Alep et
de Damas), une foule de monuments inconnus jusqu'à présent et qui appartiennent à cette période. Les montagnes qui séparent Antioche d'Alep sont
couvertes des ruines de cent villes chrétiennes bâties du quatrième au septième siècle. La solitude qui s'est faite brusquement autour d'elles les a sau-
vées de la destruction : construites en matériaux énormes, elles ont résisté
aux efforts du temps et nous offrent le tableau le plus complet de la société
chrétienne primitive. Tous les détails de la vie publique et privée sont représentés : on y trouve des maisons de ville et de campagne, avec écuries, cuisines, pressoirs, jardins, fontaines ; des rues, des places publiques, des bains,
de grandes églises, des chapelles ; des tombeaux de toute nature, depuis l'hum-
ble sarcophage creusé dans le roc, jusqu'au superbe mausolée en forme de
pyramide entourée de portiques. De nombreuses inscriptions donnent la date
de tous ces édifices.

Les monuments du Haouran sont aussi nombreux et plus anciens ; ils offrent cela de particulier, que la pierre est le seul élément de leur construction. Tout est en basalte, les solivages, les plafonds, les portes, les fenêtres, les armoires, etc. Par d'ingénieuses combinaisons, les architectes ont su, avec cette seule matière, satisfaire à tous les programmes, et construire non-seulement des maisons, mais des temples, des basiliques, des églises. Ces édifices sont de la période qui s'étend du premier au cinquième siècle de notre ère : ils établissent donc la transition entre l'art grec antique et l'art chrétien.

Tout cet ensemble n'est pas seulement intéressant au point de vue de l'histoire de l'architecture, mais aussi au point de vue pratique. Les architectes y trouveront d'utiles renseignements sur l'emploi judicieux des matériaux, et l'application du style classique aux besoins d'une société chrétienne.

Pendant un long voyage dans la Syrie centrale, MM. de Vogüé et Waddington ont étudié ces monuments et ont rapporté, outre des dessins, plus de deux mille inscriptions inédites grecques, latines, palmyréniennes, araméennes, arabes, qui seront ultérieurement publiées.

Les planches de l'*Architecture civile et religieuse en Syrie du premier au septième siècle*, sont gravées sur acier avec le plus grand soin, par Léon Gaucherel et Aug. Guillaumot, d'après les dessins de MM. Melchior de Vogüé et E. Duthoit, architecte.

Le texte est de M. Melchior de Vogüé.

L'ouvrage se publie en 30 livraisons de 5 planches chacune. Prix de la livraison....................... 4 fr.

Les 15 premières livraisons sont en vente.

VOGUÉ (le comte Melchior de). **Les églises de la Terre sainte;** ouvrage couronné par l'Académie des inscriptions et belles-lettres. 1 vol. in-4 de 464 pages, accompagné de 28 planches gravées sur acier, de 2 plans en couleur et d'un grand nombre de bois intercalés dans le texte. Prix.................................... 45 fr.

Y

YVERT (L.). **Notice sur les ponts avec poutres tubulaires en tôle ;** introduction par E. Flachat. In-8 et atlas grand in-fol. de 20 planches et de 4 tabl... 15 fr.

CORBEIL, typ. et stér. de CRÉTÉ.